心の科学のための哲学入門 2

他者問題で解く
心の科学史

渡辺恒夫 著

北大路書房

●他者問題で解く心の科学史●――――目次

0・1　あるSF作家の、心理学会に参加した若き日の思い出

私が高校生のころから愛読していた作家に、筒井康隆というSF小説家がいる。ご存知の方も多いだろう。

同志社大学の心理学科を卒業したというだけあって、宇宙船が出てくるようなハードSFよりは深層心理をえぐったようなサイコSFを得意とし、『文学部唯野教授』のような、ポストモダンアカデミズム小説まであの岩波書店から刊行したり、差別表現への規制に抗議して断筆宣言をしたりと、異色の作風と言動で話題を招いてきた人だ。その筒井康隆に、珍しく、学生のころに心理学の学会に見学で出席した折の印象を述べた文章がある――。

> ……そこでは各教室の分科会において各種の会議が行われていたが、精神分析学をやっている隣の教室で大脳生理学をやっているというありさまで、それぞれの教室でたたかわされている会話に共通の言語はひとつもなく、ひとつ隣の教室に入るともう何をいっているのかまったくわからないという混乱ぶりだったのだが、それは現在でもそのままのようである。

ちょうど2000年に翻訳が刊行された、アメリカの著名な科学ジャーナリスト、ホーガンの手になる『続・科学の終焉』（竹内薫（訳）徳間書店（原著1999））の日本語版「序文」にある文章だ。

なぜこんな文章が序文に載っているかというと、『続・科学の終焉』という本は、心理学や認知科学、人工知能研究といった、ひろい意味の「心の科学」を扱った本だからだ。じっさい、『コンピュータには何ができないか』という本で有名な哲学者のドレイファス[★1]は、この本の著者ホーガンとのインタヴューの中で、次のように語っているのだ――

「心理学は小さなパラダイムの寄せ集めみたいになってしまい、パラダイム同士で、あいつはダメだとけなし合っている」と彼は言った。「行動主義者たちは、正しい答えを持っているように見えたが、その後チョムスキーがスキナーについてのレビュー記事を書いて、行動主義の息の根を止めた。その後も、ルールと認知主義が正しい答えのように思われ、そして今ではニューラル・ネットワークが登場している。単なる流行にすぎん。あっち行ったりこっち行ったり。心を理解するという面では何の進歩もありゃせん。」(pp. 316-317)

★1：ドレイファス（H. L. Dreyfus, 1931-）。アメリカにおける現象学的哲学の第一人者。認知科学批判の書『コンピュータには何ができないか』（黒崎政男（訳）1992 産業図書）の他に、ハイデガーの主著『存在と時間』の注釈書『世界内存在――「存在と時間」における日常性の解釈学』（門脇俊介（監訳）2000 産業図書）で、ハイデガー哲学が、英語圏における看護福祉の分野へと、「解釈的現象学」という名称の質的研究の技法として導入されるきっかけを作ったことは、特筆すべき業績といえる。

0・2 心理学におけるバベル症候群と質的心理学の台頭

このような心理学の現状を、『旧約聖書』の「創世記」にある有名な逸話にちなんで、私は、心理学におけるバベル症候群と呼ぶことにしている。

遥かな昔、バベル（バビロン）の都の人々が、天に届こうとして高い塔を造り始めた。神が怒って、人間の傲慢を懲らしめようと、それまで共通だった人類の言語をいくつにも細かく分けてしまい、お互いに通じ合わなくさせてしまった。それが、地上にこれほど多くの言語があって互いに不便を感じている理由だ、という話である。

もちろん、心理学の混乱ぶりをバベルの塔のもたらした災厄にたとえるアイデアは、私の独創でもなんでもない。そもそもが、ドイツの現象学者シュトラッサーの、『人間科学の理念』（徳永恂・加藤精司（訳）1978　新曜社（原著 1962））という本から拝借したものなのだから。でも、今はそんなことはどうでもよい。本書の出発点は、筒井康隆が「それ［＝混乱］は現在でもそのままのようである」と書いて十数年の後の現在、混乱はそのままどころか、輪をかけてひどくなった、というところにある。

この十数年のあいだに、何が起こったのだろうか。そう、日本に焦点を当てていえば、質的心理学会の発足（2004）と機関誌の発刊があり、前後して、多数の、質的研究、質的心理学研究に関するハンドブック類の、海外ものの翻訳が中心とした刊行があった。今や、心理学もしくは関連の学科を擁する学部の大部分には、質的研究法の科目が置かれるようになった。方法論関連の科目といえば、心理統計と、心理学実験（または心理測定法）くらいしかなかった私などの学生時代からは、それどころか、つい20年ぐらい前から見ても、考えられない変化である。

むろん、「質的研究の台頭が心理学の混乱に拍車をかけた」などとうっかり言ったら、質的心理学のリーダーたちに叱られてしまうだろう。多くの研究者たちが、「数量化に基づく科学としての心理学」という権威からの解放感を味わっていることは、たぶん、本当なのだから。たとえば、『質的心理学研究』の三代目編集委員長、麻生武は、その第8号「巻頭言」(2009)の中で、次のように述べている。

……1980年代頃から心理学に大きな変化が生じた。心理学はハードサイエンスたることに根本的に挫折したのである。結局、行動主義心理学は一度も自然科学たりえず、自然科学主義というイデオロギーを振りかざしていただけのことになったといえる。長年、哲学や人文科学を「科学的ではない」「単なるお話にすぎない」と排除してきた行動主義心理学がその支配力を失ったことは大きな事件であった。心理学を、人文科学や哲学や歴史学から隔てていた言わばベルリンの壁が崩壊したのである。その日から、あらゆる学問が心理学に浸透してくる今日に至る状況が生まれたといってよい。私は、質的心理学とはそのような新しい状況に誕生した、「拡張された心理学」であると思っている。……

0・3 氾濫する「認識論」という言葉

私も、麻生武のこの言葉には、全面的に同意したい。けれども、本書が始まるのはまさにここからなのだ。

たとえば、これは「ベルリンの壁」が崩壊した結果と思うのだが、質的研究の入門書、ガイドブックを読んでいて、最初の方のページでやたらと目につくのが、「認識論」という古めかしい哲学用語だ。

古めかしいというのは、「科学的心理学」をやっている分には、このような語は心理学史の最初の方に出てくるだけで、実際の研究上では関係なしで済ませられたからだ。19世紀末の科学的心理学の誕生いらい、心理学は哲学とは別個の科学として発展し、それゆえ認識論のような哲学的問題は解決済みであって、もはや煩わせられなくともよい、というのが科学的心理学の公式見解だったのだ。

それが、どうして復活したのだろうか。ためしに、代表的なテキストであるウィリッグ『心理学のための質的研究法入門』（巻末ブックガイド参照）という本をひらいてみよう。目をひくのは、第一章の冒頭から、「認識論」についての説明が掲げられていることである。

> 認識論（epistemology）は、知識の理論に関する哲学の一部門である。そして、「人はどのようにして物事を知るのか、そして人は何を知ることができるか？」という問いに答えを出そうとする学問である。（訳書 p. 3）

この認識論がなぜ質的心理学に必要かというと、「認識論的立場の1つに、実証主義（positivism）が」あり、これが「科学的心理学」の研究法を規定してきたからだという。つまり、質的心理学は、バックボーンとなる認識論からして、「科学的心理学」とちがうのである。それなら質的心理学の認識論は何かというと、これがまた様々であって、そのような認識論的な多様さが、質的研究の方法論の多様さを生み出しているのだという。

じっさい、この本では、代表的な質的研究方法論として、グラウンデッド・セオリー・アプローチ、解釈的現象学、言説心理学、フーコー派言説分析、など7種類を章ごとにあげて、それぞれの技法を詳しく解説しているが、章の終わりに必ず、「認識論上の3つの問い」という項目を置き、その方法論の背景となる認識論に、読者の注意を向けさせている。3つの問いとは、「1.〈……〉はどのような知識を生み出そうとしているのか?」「2.〈……〉は世界についてどのように仮定するのか?」「3.〈……〉は研究プロセスの中での研究者の役割をどのように概念化するのか?」であって、〈……〉の中に、グラウンデッド・セオリー・アプローチ以下7種類の、方法論の名称が入るのである。

質的心理学にとっての認識論の大切さを説いたものとして、それなりにわかりやすく、私は、この本を、日本語で読める質的心理学の入門書としては、ベスト・スリーに入れたい。

けれども、まさにここからが本書の出発点なのであるが、いったい、なぜ、そんなにも多くの認識論があるのだろうか。

そもそも、いろんな認識論の背景には、たとえば解釈的現象学ならハイデガー哲学が、言説心理学ならば後期ウィトゲンシュタインやオースティンら日常言語分析学派の哲学が、そしてフーコー派言説分析ならその名の通りフーコーの哲学が、控えている。どれも、専門の哲学者が一生をかけて研究しているような、難解な哲学だ。質的心理学をやるのに、そんな哲学に取り組まなければならないとしたら、うんざりする。

おまけに、認識論の多様さが質的研究方法の多様さの背景にあるとしたら、心理学全体だけではなく、質的心理学それ自体の内部で、バベル症候群がそのまま温存されてしまうのではないか。

そもそも、なぜ科学的心理学の認識論が、ダメということになったのだろうか。心理学は、フェヒナーの精神物理学が出現する以前には、質的心理学だったのではないか。それが、19世紀末からの1

00年ばかり数量的科学的心理学になって、そして今、それもダメということで質的心理学が再興したというのでは、なんだか堂々巡りのような気もする。ドレイファスにも、「あっち行ったりこっち行ったり。何の進歩もありゃせん」と、また悪態をつかれ兼ねないではないか。

0・4　本書の構想——ゼロから始める認識論で認識論的解読格子を作る

そこで、本書では、こういった状況を明晰判明に手に取るように理解するために、一切の知識を棚上げにして自分の目で、自分が存在しているこの世界を見ることから出発することを読者に奨めたい。フランスの哲学者メルロ＝ポンティ★2は、「哲学とはものの見方を学びなおすことである」と述べているが、私にはこれは、哲学の中でも認識論にこそ、ふさわしく思われる。認識論とは、自分自身の暗黙裡のものの見方を反省し、先入見を去って自分の目でものを見ることを学ぶことなのだから。この、本書で言う「ゼロから始める認識論」によって、私が経験する世界の、とりわけ人間的世界の、基本的な「構造」が見えてくるはずである。この構造こそが、科学的心理学の形成・挫折および、質的心理学の再興とその四分五裂ぶりを、明晰判明に理解するためのダイナミックな枠組みの（本書で言うところの「認識論的解読格子」の）、元になるはずなのだ。

★2：『知覚の現象学』（中島盛男（訳）1982　法政大学出版局　Merleau-Ponty, M. 1945 *Phenomenologie de la Perception*. Paris: Gallimard.)

次に本書が向かうのが、「科学的心理学」の認識論の再検討である。質的心理学のテキストでは絶対に触れられないことだが、心理学の認識論の完成形態は、質的心理学にはなく、科学的心理学の方にある。精神物理学者スチーヴンスが、１９３０年代に物理学の科学哲学から心理学に導入してつくり上げ、行動主義心理学の認識論の地位をかちえた「操作主義哲学」がそれだ、と言わなければならない。これを先ほどのウィリッグのように「実証主義」で括ってしまうと、焦点がボケてしまうだろう。操作主義を聞いたことのない人でも、操作的定義なら聞いたことがあるだろう。「知能とは、知能テストによって測定されるところのものである」と、なかば冗談めかして今でも語られる、アレである。★3

★3：第8章で取り上げられるブルーマー『シンボリック相互作用論』を読むと、知能のこの定義が20世紀なかばの社会心理学で大まじめで主張されていたことが窺い知られる。まさに冗談では済まないのだ。

じっさい、行動主義心理学が凋落したこの時代でも、操作主義は見えないところで人間科学の共有財産であり続けている。１９８０年に「ＤＳＭ‐Ⅲ」として発表され、「ＤＳＭ‐Ⅳ」（1992）、「ＤＳＭ５」（2013）と改定を重ねつつ世界を風靡しているアメリカ精神医学会の『精神疾患の診断の手引き』もまた、操作主義的な診断基準で貫かれている。20世紀の末に起こった神戸の連続児童殺人事件（いわゆる「酒鬼薔薇事件」）で、当時14歳だった犯人の少年に対する精神鑑定で付けられた「行為障害」も、さるやんごとなき皇族の方の症状につけられたという「適応障害」も、操作的診断基準に基づく新たな診断名だ。こんな「診断名」は、咳が出るなら「咳障害」、腹が痛いなら「腹痛障害」と診断するようなものではないかと、けげんに思った人もいるだろう。症状観察という「操作」にかからない仮説的原因論に訴えることを徹底して避けると、こういう診断名になるということらしいのだ。

それはともかく、スチーヴンスの心理学版操作主義が、科学的精神に貫かれた見事なできばえになっていることを、私たちは第2章で見ることになる。そして、これが肝腎なことなのだが、ゼロから始める認識論によって浮かび上がってきた体験世界の基本的構造と、操作主義哲学の認識論的構造とは、ほぼ同型的なのだ。これで、認識論的解読格子が完成する。

かくして、あとは、この解読格子をもとに、科学的心理学の誕生から始まり、質的心理学の再興とその多岐分裂ぶりを、解読してゆけばよいというのが、本書の流れとなる。質的心理学のターニングポイントを、「解釈学的転回」「言語論的転回」「もの語り論的転回《ナラティヴターン》」の三段階に分け、ターニングポイントごとに、ちがった質的研究法が分岐生成するというのが、本書での質的心理学リヴァイヴァルの見取り図だ。認識論的解読格子との関係を先回りして言えば、この解読格子は二次元平面図で構成され、心理学の対象が「行動」「表現」「体験」「意識」の四象限として析出される。操作主義は心理学を「行動」の象限に閉じ込めた。そこで、心理学を「脱獄」させるのが質的心理学の再興運動ということになる。ターニングポイントごとに、脱獄の仕方は色々だ。他の象限へ心理学を連れ出して事足れりとする運動もあれば、解読「格子」そのものを破壊しようとたくらむヤカラまでいる、というわけだ。

0・5　心理学・人間科学の躓きの石とは——人間的世界経験のパラドックス構造

こうして構想が語られてみると、なにやら本書の目的は「交通整理」にあり、さまざまな心理学の潮流を分類してこと足れり、としているように感じる向きもあるかもしれない。ところがそれは全く違う。本書は、入門書として初めて、心理学・人間科学の躓きの石を明瞭に指摘して問題の所在を白日の下に照らしだすものになるはずだから。第2章、操作主義の項で、読者は、スチーヴンスが、科学的心理学を「他者の心理学」に限定し、「自己の心理学」を否定するのを見るだろう。そう、心理学の躓きの石とは、「自己と他者」の問題にかかわる人間的世界経験のパラドックス構造にあるのだから。

——あなたは、いったい、自分でもなく他人でもない、「人間一般」に出会ったことがあるだろうか。にもかかわらず、あなたはなぜ、「人間一般」を対象とする心理学・心の科学を、そもそも「人間科学」を、やれると思っているのだろうか。どこか、ムリをしているのに違いないのだ。この無理が、心理学・人間科学におけるバベル症候群の、源なのではないだろうか。

かくして、人間的世界経験のパラドックス構造が、次のように定式化できることになる。

> 私は自分が人間一般の一例であることを知っているが、人間一般は直接経験できない（現象しない）。直接経験できるのは自己と他者のみであるが、私はこのことを知らない（自覚しない）。

人間的世界経験と呼ぶのは、このパラドックスは、バードウォッチングのような自然的世界経験においては生じないからだ。スズメだろうがコウノトリだろうが、最初に目についた鳥ならば、鳥類学の対象としての「トリ一般」の一例と見なして観察研究の対象にすることに問題はない。ところが人間一般の一例について観察を始めようとすると、ここにいる当の観察者である私自身で済ませるか、それとも誰か他人を連れてくるかという、「サンプリングにおける自他選択問題」にぶつかってしまうのだ。

このようなことを問題にする心理学者はまず見当たらないと言ってよい。けれども、少なくとも一世紀ほど前、心理学が自然科学と同様の科学たらんとして方法論的模索を続けていた時代には問題になったのだった。すくなくとも、操作主義者スチーヴンスは、心理学を「他者」の心理学に限定することで心理学を自然科学の一員として位置づけ、躓きの石を回避しようとしたのだから。

この、人間的世界経験のパラドックス構造こそ、本書の通奏低音をなしている問題意識である。だから、認識論的解読格子が完成する第3章と、具体的な心理学史に即して解読作業を始める第4章のあいだに、「間奏曲」と題して短い章をおき、このパラドックスについて図解入りで説明することにした。それは、第1章「ゼロから始める認識論」で描き出された世界経験の図と、第2章「操作主義哲学の検討」で描き出された世界経験の図とが、ちょうどパラドックスの、いいかえれば矛盾の、両面、「どんな頑丈なタテでも突き通す矛《ほこ》」と「どんな鋭いホコでも突き通せない盾《たて》」に相当することの、図解になるはずだ。

0・6　他者問題——心の科学の最難問

人間的世界経験のパラドックス構造からたちまち派生する問題が、他者問題だ。なぜかというと、前節のパラドックスの定式化を聞いた読者は、次のように批判したくなるだろうから。

「『直接経験できるのは自己と他者のみだ』、だって？　誰にとっても直接経験できるのは自己と他者だけなんだよ。自分だって、その誰にとってもの一人だという意味で、やっぱり人間一般の一例に過ぎないんだよ！」

こう反論を受けて、私は、次のように、さらに問題を立てないではいられない。「いったい、誰にとってもそうであることが、どうして分かるのか?」と。「すべての他者が、私と同じくそうであることが、どうして分かるのか?」と。こうやって、他者問題が生じる。かくして、このようなパラドックスへの批判は、解決しなければならないはずの他者問題をすでに解決済みと無意識のうちに思い込んで議論の前提に使うという、論点先取の誤謬に由来することが明らかになるのだ。

じっさい、他者問題とは、ギリシャ以来、自然認識が主要なテーマだった西洋哲学における由緒ある「主観客観問題」(略して「主客問題」)、近世哲学の祖、デカルトに始まる「心身問題」[★4]に代わって、いまやポストモダンの哲学・思想の、主要テーマに躍り出ようとしている、難問中の難問だ。にもかかわらず、他者問題に心理学・人間科学認識論の難問《アポリア》を見る入門書は、私の知る限り今までになかった。20世紀最大の哲学者フッサールの遺稿を、他者問題中心に編纂した翻訳書も続々出るご時世に(フッサール『間主観性の現象学Ⅰ・Ⅱ』浜渦辰二・山口一郎(編訳)2012-2013 筑摩書房)、これでは困るのだ。

★4:ちなみに「主客問題」については、北大路書房から出ている『構造構成主義とは何か』(西條剛央 2005)、「心身問題」については、同じく『心身問題物語』(岡田岳人 2012)が分かりやすいが、他者問題には明確にはふれられていない。

そこで、このテーマについてもう少しまとまったことを知りたいという読者のために、巻末に「付章:だれでも分かる! 他者問題超入門」を用意しておいた。本書を読み進んでいく途中でも、興味もしくは必要を感じたらいつでも——といってもまず「間奏曲」を読んでからという条件が付くが——参照していただきたい。「超入門」とは、よくある「超訳」と同じような意味で、他者問題入門として日本語で読める最もやさしい入門をめざしたものだ。

念のため言っておくが、この超入門は、他者問題の解答をやさしく解説するという意味での入門ではない。読者のなかには、フッサールやウィトゲンシュタインのような20世紀の大哲学者は他者問題を解決したのだ、と思い込んでいる向きもあるかもしれないが、この二人の偉大さは、他者問題を解決したところにではなく、難問として提起したところにある。他者問題が未解決である以上、人間的世界経験のパラドックス構造も生きているのだ。

それでは、ゼロから始める認識論——つまり世界を見ることを学び直すレッスン——に入ることにしよう。

第1章

世界を見ることを学びなおす——マッハの自画像

◆図1―1　マッハの自画像
（出典は巻末ブックガイド参照）

私自身にとって、世界はどう見えているだろうか。今、私は図書館にいて、読書にふけっている。フッと頁から目を上げ、がらんとした図書館を眺めやる。その一画には本棚が並び、間に人影が見える。人影は本棚に向かっていて動きがない。窓の向こうでは、青空に白い雲が浮かんでいる。このような光景を記述する、最も単純な第一歩は何だろうか。もとより、ものの見方を学びなおす以上は、一切の先入見をカッコ入れしなければならない。

第一に、私がいて、そして世界がある、ということは、先入見抜きに確実のように思われる。図1―1を見てほしい。これは、そのような、先入見抜きで描かれた世界の描写で、マッハの自画像といわれる絵である。★1 ふつう、自画像を描きなさいと言われれば、鏡映像や、友人の目から見た自分の後姿、といったものを描いてしまう。けれども、今ここで、自分の目に見えるものだけを描いて自画像を描きなさいと言われれば、このような絵になるのではないだろうか。

★1：エルンスト・マッハ（Ernst Mach 1838-1916）はオーストリアの物理学者、哲学者、心理学者。音速の何倍かを示すマッハ数で知られる。哲学者としては感覚要素一元論にもとづく実証主義を唱え、論理実証主義と現象学の双方に影響を与えた。

ところで、認識の第一歩は分類である。別な言い方をすれば、構造化である。今、見えている世界の中で、最も基本的な分類は何か。「私がいて世界がある」ということから、「私」と「私以外の世界」とに分けることが、理にかなっているように思われる。つまり、自己vs.非自己という分類であり、構造上の対立軸である。ただし物理学ではなく心理学のための認識論だから、「非自己」の代表としては白い雲より人影の方が、ふさわしく思われる。これを、自己vs.非自己（他者）と表記しよう。

この構造化を念頭に置いて、次の場面に進もう。次は、運動が入った場面である。

人影の一つが動き、近づいて来る（図1―2）。私の向かい側の席に座り、抱えていた何冊かの本を机の上に置く。そのはずみで、私の鉛筆がコロコロと転がり出し、机の端から落ちてカランと音を立てる。その人は、「ごめんなさい」と言って、鉛筆を拾い上げ、机の上に戻す。

◆図1―2　他者が出現した自画像

ここで、世界は、運動の種類で分類されることになる。「鉛筆を拾い上げる」「ごめんなさい、と言う」と描写されるような、「人」の意図的行為と、振動を原因として機械的に転がり落ちて音を立てる鉛筆のような「物」の運動とである。意図的行為vs.機械的運動という分類であり、対立軸である。

そこで、今までの考察を踏まえて、縦軸に自己vs.非自己（他者）、横軸に意図的行為vs.機械的運動を取り、2次元空間として描いてみよう（図1―3）。これで、私が見ることを学び直した世界の、最も基本的な構造が描

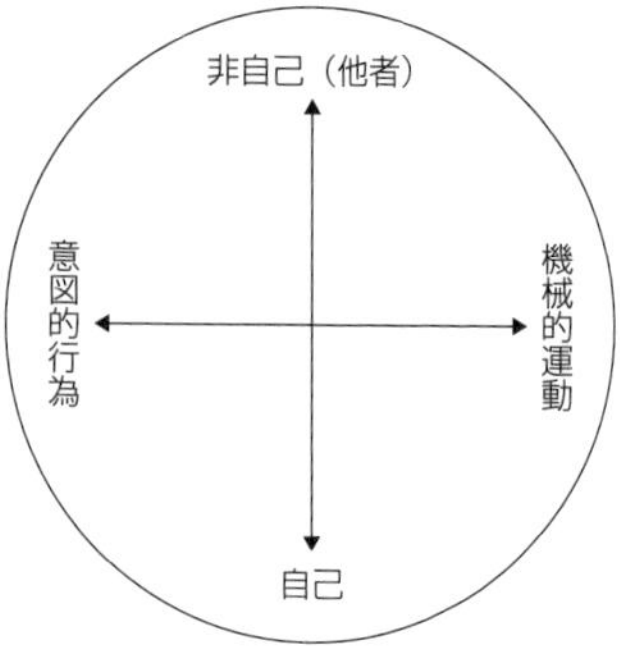

◆図1—3　世界の基本的構造

かれたわけである。「ゼロから始める私自身の認識論」の、最初の成果である。

これで、本章の目標は達せられた。あまりにもあっさりと達成されすぎた、と思う人もいるかもしれない。そこで、次の章に入る前に、二つばかり問題を指摘しておこう。

第一の問題として、縦軸（Y軸）と横軸（X軸）は、なんとなく深さの水準を異にしているように見えないだろうか。つまり、縦軸の方が横軸にくらべて、より「基本的」もしくは「根源的」な対立軸を表現しているように感じられないだろうか。

そう、図1―2を眺めてみても、〈自己と他者〉という対立軸は、体験世界の基本的構造であって、いったん気づいたからには（しかも絵にまで描いてしまった以上）、どんなに頑張ってみてもこれを無視することはもはやできそうにない。ところが、〈機械的運動vs.意図的行為〉の方はどうか。ヒトの意図的行為をも脳神経系の電気的興奮によって説明せんものと意気込む神経生理学者なら★2、両者を区別せずに機械運動のカテゴリーに入れてしまうかもしれない。反対に、青空を見上げて「雲が楽しそうに泳いでいる」と感じるアニミズム段階の幼児ならば、「鉛筆サンがいやがって転がって逃げた」と思って、これまた両者を区別しないかもしれない。

★2：自由意思の実験的否定として有名なのは、「意志の発動」よりも半秒早く神経興奮が始まっていることを示した、リベット（Benjamin Libet 1916-2007）の実験である（『マインド・タイム』下條信輔（訳）2005　岩波書店）。

つまり、機械的運動と意図的行為の区別は、成人である私たちの反省以前の日常的な態度のなかでこそ、自明で当たり前なものなのだ。ところが、神経生理学者の野心的な態度とか、幼児の態度といった極端な場合を想定すると、自明でなくなってしまう。このことを、本書では、「横軸は縦軸にくらべて、反省に対して脆弱である」と表現する。★3 これが、「横軸は縦軸にくらべてより根源的でない」と思われたことの、より正確な表現である。

★3：これに対して縦軸（自己と他者の対立軸）は、反省に対してより頑健である。なぜなら、縦軸は、まさに「先入見を去って世界を見ることを学びなおす」という反省の結果、出現した対立軸だから。

ただし、心理学、より一般的に人間科学の認識論・方法論をめぐる、19世紀末いらいの論争史の中では、横軸の方がむしろ主役を演じてきたという、奇妙な事情がある。この論争史については、第6章であつかう。

本章を閉じるにあたって指摘しておきたい第二の問題は、こうやって見ることを学び直す前は、いったい私はどのように世界を見ていただろうか、ということである。

一言でいえば、「上空を飛行しつつ、多数の《箱》としての人間たちを見おろしていた」のである。《上空飛行》的視点、そして《箱》型人間モデル。これらはそれぞれ、現代哲学の出発点において最も苛烈な認識論的反省を行ったことで知られる、フッサール（Edmund Husserl　1859–1938）とウィトゲンシュタイン（Ludwig Wittgenstein　1889–1951）から取り出されたキーワードであり、両者を組み合わせることで、私たちにとって自明なはずの常識的世界像・人間像を、過不足なく表現することができる（ただし、「上空飛行的」という表現は直接には、メルロ＝ポンティに由来する）。この自明なる常識的世界像と、心理学者が新たにパラダイムを創始するに当たって営む認識論的反省によって出現する世界像とのズレが、心理学・人間科学認識論の躓きの石となるのであるが、本章でそれに触れるのはフライングを犯すことになってしまうだろう。自分自身の目で世界を見ることを学びなおすことが、本章の目的だったのだから。

だから、第3章の後の「間奏曲」まで、宿題として残しておく。

第2章

科学的心理学（＝操作主義）の認識論的構造を解き明かす

「プロローグ」で予告したように、本章の課題は、精神物理学者スチーヴンスが1930年代（1935, 1939）に物理学の科学哲学から心理学に導入して精緻化した、「操作主義」の認識論的解明である。操作主義は、「科学的心理学」の認識論として、質的心理学の認識論には決してみられないような完成形態を誇っている。しかも、その構造は極めてシンプルであり、第1章の、ゼロから始めた認識論による体験世界の構造と同型的でもある。

操作主義を再検討するなかから、一度は歴史の中で科学的でないとして否定された質的心理学がなぜ再生し、多様化しつつ展開しているのかをわかりやすく理解するための、認識論的解読格子が、おのずと浮かびあがってくるだろう。それが、次章（第3章）の課題となるはずである。

2・1　科学的とはなにか――テレビでの超能力論争

操作主義に入るまえに、そもそも「科学的」とは何かを簡単におさらいしておこう。

テレビの番組で、根強い人気をほこっているジャンルに、超能力真贋論争というものがある。まず、「超能力者」「サイキック」が登場し、「自分は念じただけでスプーンを曲げられる」「人体を透視してどこに悪いところがあるかを当てられる」「マンションの屋上で念じるとUFOがやってくる」、といったことを言う。司会者は、ぜひその能力を見たいから、みんなの見ている前で披露してくれと言う。番組にはたいてい、「懐疑派」と「共感派」の論客が立ち会っている。懐疑派には理工学部の教授といった、科学者が出てくることが多い。

そこで、たとえば、スプーン曲げならば、「超能力少年」にスプーンが渡される。渡される前に、出演者全員にスプーンが回され、その硬度と、「種も仕掛けもない」ことを、全員が確認する。少年は、実際に、念じただけでそのスプーンを曲げてしまうように見えた。懐疑派の科学者をのぞく全員が、感嘆する。

そこで科学者が、もう一度、別のスプーンでやるようにと、言う。少年は（もしくは付添いの代理人は）、「サイキックエネルギー」を使い果たしたと言って、断る。けれども、科学者が強く迫るので、次回を約束する。

数か月後の同じ番組で、同じ出演者同じ立会人で、同じ「公開実験」が行われる。けれど、今度は、少年は失敗してしまう。スプーンは曲がらなかった。付添いの代理人は、「批判的な目で見られて緊張しすぎた。能力の発揮にはリラックスが必要なのに」と言って弁解する。けれども、科学者は勝ち誇って言う。「この現象には再現性がない。再現性のないモノを科学的事実だと認めることはできない。どこかにマヤカシがあるに違いない！」

以上、戯画化したが、これだけでも、科学教育を受けた出演者と視聴者の、つまり私たちの一般常識としての科学性の要件が何であるかが、上の文の傍点をふった部分に、おのずと浮き彫りにされている。

まず、司会者が、「ぜひその能力を見たいから、みんなの見ている前で披露してくれ」と言うのは、科学は観察に基づかなければならないが、その観察には公共性がなければならない、という要請を意味している。だれでも観察できる、ということが大切なのだ。それに加えて、懐疑派の科学者が「もう一度別のスプーンで」と言うように、観察には再現性がなければならない。いつでも観察できる、ということが大切なのだ。

公共性と再現性のある観察に基づくこと。ひらたく言えば「だれでもいつでも観察できること」。これが、科学性の最低限の要件なのである。ただし、ここでいう要件とは、「必要条件」の略であって、それだけでは科学性の十分条件にはならない。だから、だれでもいつでも観察できる現象とは、「客観性がある」、と言った方がよいかもしれない。少なくとも、客観性を認められた現象だけが科学的に探究するだけの値打を認められる、と言うことができる。

客観性と科学性に距離があることは、病院で検査で自分の脳のＣＴスキャン画像を前に色々医師に説明されても、知識不足やらパニックやらで医師が指さすモノがよく見えないという、ありふれた経験からも分かる。だから、科学的観察の公共性、「だれでも性」は、「専門家ならだれでも」と限定することが必要になる。再現性のばあいでも、スプーン曲げ少年の弁解にも一理あって、「条件が同じならいつでも」と限定すべきだろう。条件を厳密に同一にするには、それこそ、実験室のように厳密に管理しなければならなくなってくる。だから、観察の科学性は観察の客観性よりもハードルが高い。高いけれども、その内実が公共性と再現性にあることには違いない。

観察の公共性と再現性。このことを念頭において、操作主義の解明に入ろう。なぜならば、スチーブンスの操作主義とは、観察の公共性と再現性という科学性の要件を、愚直なまでに忠実に実現しようとしたものなのだから。

2・2　ノーベル賞物理学者ブリッジマンの困惑

操作主義は、アメリカのブリッジマン（P. W. Bridgman 1882–1961）が１９２７年に提唱した、物理学的概念の操作的定義をその出発点としている。★1 ちなみに彼は、超高気圧下における物性物理の研究で１９４６年度のノーベル物理学賞に輝いた、卓越した実験物理学者でもある。

★1：Bridgman, P. W. 1953 The logic of modern physics. In H. Feigl & M. Brodbeck（Eds.）, *Readings in the philosophy of science*（pp. 34-41）. New York: Appleton Century Crofts.（Original work published 1927）.

そんな、バリバリの実験家ともいえるブリッジマンが、どうしてこのような理屈っぽい提唱をしたのだろうか。理由は、アインシュタインの相対性理論と量子力学の登場によって、ニュートン的物理学では直観的に分かっていたように思われていた物理学の対象や概念が、直観的には分かりにくくなってしまったことにあった。たとえば、「時間」といえば私たちは、宇宙のどこでも一様に流れるように思っている。ニュートンの主著『プリンキピア』にある次の言葉など、そのような考えの典型かもしれない。

「絶対的な、真の、数学的な時間は、それ自身で、そのものの本性から、外界のなにものとも関係なく、均一に流れる」（『世界の名著31　ニュートン』河辺六男（訳）　1979　中央公論新社　p. 65）

ところが相対性理論では、時間の流れは観測者が異なれば異なってくる。正確には、観測者が属する運動系ごとに違う。加速度運動する系では、慣性運動系よりも時間の流れが遅くなるのだ。ウラシマ効果というのを聞いたことのある人も多いだろう。宇宙飛行士が、亜光速宇宙船に乗って隣の惑星系まで往復旅行をして10年後に地球に帰還する。ところが地球では10年どころか100年たっていたという、アレである。だから、時間の長さとは、たとえば一秒とは、それぞれの運動系ごとに、その運動系に属する時計の秒針の進行によって定義するほかなくなる。まさに時間とは時計によって測られるところのものなのだ。

空間にしても同じで、やはり、天文学的な距離から素粒子のスケールまで同等に、宇宙のどこでも通用する、絶対的な長さの単位があると思ってはいけない。「電子の直径が10^{-13}cmである」という意味を、目の前の直径1cmのガラス玉を単に10^{-13}分の1に縮小したものとして直観的にイメージすることはできない。そもそもハイゼンベルグの不確定原理によれば、電子のような極微粒子は、位置を測定すると運動量が不確定になり、運動量を測定すると位置が不確定になってしまう。だから、一個の電子が存在するとは確率の雲のようなものとして存在するといった方がよい。そのような電子の直径とは、それを算出するための一連の実験手続きを実行し方程式を解くという、一組の操作によって定義するほかはないだろう。かくして、ブリッジマンはいう。「一個の概念の意味は、一組の操作以外のなにものでもない。概念とは対応する一組の操作と同意義なのだ。」(Bridgman, 1953, p. 36)

スチーヴンスは、このブリッジマンの操作的定義に目をつけた。それは、扱っている対象と概念とが、テーブルの上の花瓶のような具体性がなくてあいまいで、目に見える世界を越えているところに、物理学の最前線と心理学とに共通の困難があると、思ったからにちがいない。

「ちょっと待ってくれ」、と、慧眼な読者ならここで言うだろう。「物理学での目に見えなさと心理学での目に見えなさとは、たとえば電子を見ることの困難とあなたの心を覗き込むことの困難とは、違うのではないか。小さすぎるから直接観察できないことと、あなたが私にとって他人だから直接心を観察できないこととは、同じ困難でもどこか意味が違っているのではないか。」

そう、確かに意味がちがう。だから、操作的定義もその意義が違ってくる。その違う意味を強引に同じものにするために、心理学者スチーヴンスは、一組の認識論的決断を行ったのだった。物理学者のブリッジマンには無縁かつ不要であり、スチーヴンスから聞かされて「まったくのたわごと」と思った決断である（本章末尾のブリッジマンの手紙を参照のこと）。

それをこれから、明らかにしよう。

2・3　戦後すぐに日本に紹介されていたスチーヴンスの操作主義哲学

スチーヴンスの原典の中から問題の認識論的決断を暴き出すという作業のまえに、スチーヴンスの名を聞いたことのないという読者のために、人物紹介を行っておこう。私もそうだが、実験心理学を専攻したことがある読者は、どこかで「スチーヴンスのべき法則」という名称を目にしたことがあると思う。いま、手元にあるコールマンの『心理学辞典』（藤永保・仲真紀子（監修）2004　丸善）で引くと、おおよそ表2―1のようなことが書いてある。

さて、私がスチーヴンスの操作主義哲学のことを知ったのは、かれこれ25年ほど前。心理学の歴史的なアンソロジーに収められた「操作主義」（小川隆）という論文によってだった。元々、1952年に出た論文だ（巻末ブックガイド参照）。当時は太平洋戦争の終結まもなく、ドッとアメリカ文化が押し寄せて来ていた頃だ。行動主義もまた新来のアメリカ文化の一つだったのだろう。そこで、その

◆表 2—1 スティーヴンスのべき法則

べき法則（Power Law） 米国の心理学者スティーヴンス（Stanley Smith Stevens, 1906-1973）が1953年以来提唱して来た精神物理学的法則をさす。1957年以来、べき法則はフェヒナーの法則にとってかわった。ここで、ψが感覚量、ϕは刺激の物理的強度とすると、両者の間には、$\psi = k\phi^n$の関係が成り立つ。ここで、nは感覚の種類でことなる。たとえば、明るさの知覚ではn=0.33、音の大きさの知覚ではn=0.67である。ちなみに、1867年発表のフェヒナーの法則では、$\psi = \alpha + k\log\phi$（$\alpha$は絶対閾）であった。

哲学的基礎づけの必要が感じられて、操作主義の紹介が企てられたのだろう。

一読して私は、操作主義の精緻な論理に打たれた。同時に、「心理学は他者の心理学でなければならない」とある文章に目が留まり、心理学への長年の違和感の正体がようやく明確に見えた気がした。

私事にわたって恐縮だが、私は大学では哲学を専攻し、大学院進学の際に専攻を心理学に変えた。そのため、1年留年して心理学の勉強に充て、大学院を心理学で受けて入ったのである。入ったはいいがまず困ったのは、心理学実験の経験がなく、技術もないことだった。そこで、先輩たちに（というか、1年先に進学していたかつての同学年生たちに）、いろいろ指導してもらうことになった。その中で、印象に残ったある言葉がある。

私は、修士論文のテーマに知覚心理学を選んだが、実験の仕方というのが独特で、自分で自分を被験者として、実験室の中で知覚される現象を記述していたのだった。すると、そんな私の実験ぶりにつきあっていたある女性が、こんなことをポツリと言ったのである。

「心理学では、実験データというものは他人についてのデータだということになってるのよ。たとえ自分を被験者にしたとしてもね！」

私はその時は、彼女がなにをいっているのか、正確には理解できなかっ

◆表2―2　操作主義の原理として挙げられている7カ条（Stevens, 1939）

第1条：科学は、社会の構成員によって同意された知識である。公共的（public）かつ反復可能（repeatable）な操作に基づいて構成された知識のみが、科学の仲間入りを認められる。
第2条：心理学では全ての観察を、心理学者が自分自身についてなした観察をも含めて、「他者」についてなされた観察であると見なす。それによって、実験者と観察対象との間の区別が明確になる。
第3条：ある実験者と他の実験者がお互いに研究対象になり合う場合には、想定された第三の独立した実験者による観察であると、見なさなければならない。
第4条：用語や命題は、その適用可能性もしくは真理の基準が、遂行可能な具体的操作からなる場合にのみ、意味を持つ（何かを指示する）。
第5条：弁別（discrimination）、すなわち分化反応（differential response）が、根本的な操作である。何かを指示するという操作（つまり、指先で指し示すという操作）でさえも、この操作に基づいている。
第6条：弁別反応によって意味されているのは、生活体の（内的であれ外的であれ）環境状態への具体的な分化的反応のことである。したがって、弁別とは、“物理的”過程であり自然界の出来事の連鎖である。あらゆる知識は、この過程によって得られ、伝達され、検証される。
第7条：（付けたしに過ぎないので省略する。）

た。けれども理解できないままに、その当時から心理学に対して私の薄々感じ始めていた違和感の正体が、言い当てられているような気がした。そう、心理学は「人間」についての科学だと称している。けれども、私の見たところ、心理学に出てくる「人間」とは、常に、「他人」でしかないのだ。なるほど、その当時（1970年代）から、「自己」というテーマは心理学にもあることはあった。けれどもその「自己」とて、他人の目からみた自己でしかなかった。私が一貫して抱いていた関心は、自分の目から見た、いま、ここに存在している自己だったのに。

それはともあれ、「他者の心理学」という意味は、やはり、スチーヴンスの原典★2にあたらなければ、正確には理解することはできない。まず、操作主義の原理として挙げられている7か条を、表（2―2）にして解説しよう。

★2：Stevens, S.S. 1939 The operational definition

of psychological concepts. *Psychological Review*, *42*, 517-527.

2・4 科学的心理学の二つの認識論的決断――他者の心理学と数量的心理学

まず第1条であるが、これはまさに、先ほど「科学性」の分析で取り出した、「公共性」と「再現性」の要請を、言い直したものに他ならない。「観察」も「操作」だから、公共的、つまり原理的に「誰が行っても同じであるような観察」であってしかも、反復可能、つまり原理的に「いつ行っても同じであるような観察」で同じ結果が出れば、科学的知識の仲間入りを認められる、というわけである。このように、科学性ということの要件を真っ先に出して、いよいよ、操作主義に固有の方法論的要請に入るというのが、この論文の構成の巧みなところである。

次に第2条に謳われているのが、極めて重大な認識論的決断であることが、分かるだろうか。

第1章の状況、図書館に私がいて向こうに人がいるという状況を振り返ってみよう。心理学的観察は、私自身の感情や物の見え方を内省し自己観察することから始めることもできるし、向こうの人の行動や表情を観察するなど他者についての観察から始めることもできる。けれども操作主義は、心理学研究が後者から、他者の観察から、始まることを要求する。たとえ、私自身の心理を観察したとしても、その観察データは、私以外の観察者の視点を想定し、その観察者の視点から見て「他者」である「観察対象X」についてのデータであると、見なさなければならないのである（読者は〝X〟に自分の名を入れて読んでいただきたい）。つまり、心理学は、研究対象に対して常に他者への視点を取るという意味での、「他者の心理学」でなければならない。

第3条は第2条のいわば「系」であって、ヴント、ティチナー、さらには「無心像思考」の研究で有名なヴェルツブルク学派の実験的内観法では、実験が、研究仲間だけで実験者と被験者に交互になって行われるのが常だったという、歴史的経緯を踏まえていると思われる。★3 このような方法では、「自己の心理学」になってしまい「他者の心理学」にならないので、このような制約を設けたのである。

★3：歴史的に「実験者」と「被験者」が分化する過程については第5章5・7節を参照。

なぜ、心理学の観察は他者観察でなければならなのだろうか。それは、第1条の、観察における「公共性」の要請から、直接導きだされることではないか。観察者が多ければ多いほど、観察の公共性は高まるのだから。観察が「他者」についての観察であれば、理論的には観察者の数は無限に増やせるのだ。ところが、観察者と観察対象が同一人物である「自己観察」では、観察者は常に自分ひとり、ということになってしまう。これでは公共性がない。

つまり、公共性の要請が、他者観察を要求するのである。

それならば、再現性の要請はどうか。先をいそごう。

次の第4条が、操作的定義について述べたくだりとなる。実は、ブリッジマンの論文とスチーヴンスの論文の共通項といったら、このくだりにしかない。そして、この短い第4条を挟んで、もう一つの認識論的決断が来るのである。

第5条と6条に述べられているのは、心理学的観察が「他者観察」であるだけでは科学性の要件を満たさない、ということである。今日的な研究に例を取って説明しよう。

たとえば、環境心理学の研究をするのに、大学生のAさんに湖畔の風景写真を見せ、「わー、キレイね。小学校6年で行ったキャンプを思い出すわァ……」と反応した言葉を録音して質的データとする。これは、他者についてのデータだから、科学的観察データではないのか。けれども、第5条・6条によれば、科学的データとするには、単に質的に記述するだけではなく、弁別反応に基づかなければならない。そこで、SD法（semantic differential method）のような、質的印象を強引に数量化する心理測定法が登場してくる。★4「キレイね」と言葉で表現する代わりに、キレイさの段階を7段階ほどに分け、「かなりキレイ」と「ややキレイ」といった弁別をさせ、その結果をコード化し得点化するのである。そして、調査対象者を増やし、得点の平均値をとり、数値化する。

★4：「きれい—汚い」「静かだ—騒がしい」「古い—新しい」といった形容詞対を20ばかり用意し、たとえば「非常にきれいだ」から「非常に汚い」までの間を7ないし9段階に分け、当てはまると思う段階に印をつけて貰い、その結果を得点化する、という方法。環境・商品評価からデザイン研究まで広く用いられる。

つまり、弁別反応を基本的な操作とするということは、他者のふるまいを観察し記述するだけでなく、測定し数量化する、ということなのである。

なぜ、心理学は、質的観察や言語表現の記録といった質的記述にとどまらず、数量化されねばならないのだろうか。それは、第1条が意図する、「再現性」の要請から、直接導きだされることではないか。ある晴れた日にAさんが「キレイね」と言い、翌日の薄曇りの日にBさんも「キレイね」といったことを録音しただけでは、湖畔の風景への反応が再現可能とは言えない。どの程度キレイなのかが曖昧だからである。弁別反応に基づき測定し数量化してはじめて、キレイさの程度がはっきりするし、他の調査参加者・他の風景を用いた実験でも測定のモノサシが共通なので、結果も数量的に再現可能となるのである。

2・5　操作主義を二つの公準に基づき二次元平面モデル化する

このように操作主義の6カ条を、第1条を基準に構成し直してみると、スチーヴンスの操作主義とはまさに、観察の公共性・再現性という科学性の公準を、ストレートに実現しようとしたものであることが明らかになる。そこで、「公共性」を縦軸、「再現性」を横軸にとり、前章で図1―3を構成したときにならって二次元平面図を構成してみよう（図2―1）。公共性のある上方（＋）に「他者観察」を位置づけると、ない方（－）は対比的に「自己観察」ということになる。同様に、再現性のある方（＋）が量的測定なら、反対（－）は質的記述ということになる。言うまでもないが、科学性の要請を満たすのは、この二次元モデルの中に出現した四つの象限のうち、第1象限〈量的測定・他者観察〉のみとなる。

できあがった図2―1と、前章の図1―3を比べてみると、似ていないだろうか。つまり、同型的なのである。次章では二つの図を比較照合することから始めて、認識論的解読格子の構成に進むことにするが、その前に、操作主義の、心理学史の中での意義を、再確認しておこう。

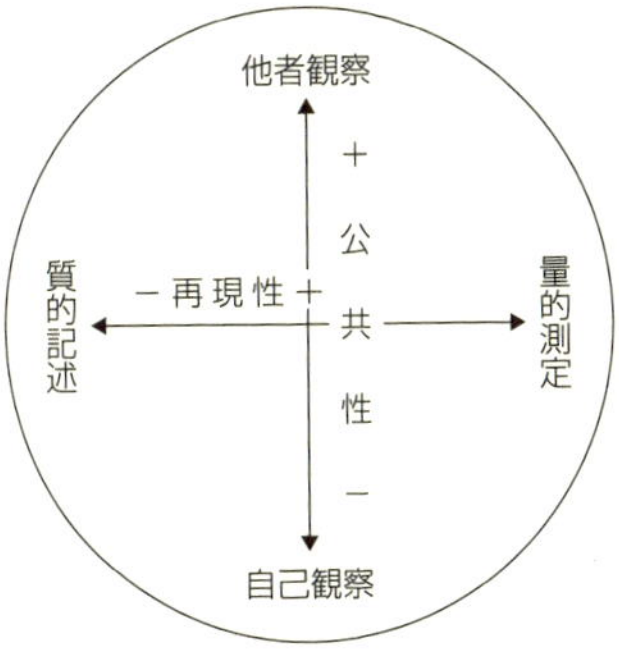

◆図2―1　操作主義認識論の構造
※第１象限のみが「科学的心理学」である。

2・6　初級心理学実験の実習で出会う心身問題とその解法

スチーヴンスの操作主義哲学は代表的な行動主義心理学者スキナーに迎えられ、科学的心理学公認の認識論ともいうべき地位を獲得した。[★5]それには、次のような歴史的事情もあと押ししている。

★5：Hardcastle, G. L. 1995 S. S. Stevens and the origines of operationism. *Philosophy of Science*, 62, 404-424. 参照。

行動主義は、1913年のワトソンによる行動主義宣言から始まるが、その後、行動主義心理学は、もっぱら学習心理学の領域で発展していた。一方、ドイツには同じころ、ゲシュタルト心理学が勃興し、こちらは知覚心理学の領域で発展する。ところが、1930年代、ナチス（国民社会主義ドイツ労働者党[★6]）が勢力を拡大してユダヤ人排斥政策を掲げると、ユダヤ系の心理学者たちが続々と、アメリカに亡命してくるようになった。その中でも大物が、ゲシュタルト心理学の創設者たち、ヴェルトハイマー、ケーラー、コフカ、レヴィンらであり、彼らの多くが有力な大学のポストを提供された。

★6：Nationalsozialistisch Deutsche Arbeiterpartei. 「ナチス」の訳には古い本では「国家社会主義」が用いられてきたが、「国家」はドイツ語で"Staats"である以上、誤訳である。独和辞典の最近の版でもNationalを「国民の」、ナチスを「国民（または民族）社会主義」と訳す傾向にあるので、それに従う。

すると、学習の研究をしている行動主義者と、知覚実験に携わるゲシュタルト心理学者とが、同じ大学のなかで仕事をするようになり、いやでも対話が進むようになった。同じ心理学者を名乗っていながら、まったく異なる方法論でまったく異なる領域の研究をしているのでは、社会的に理解がえられないのではないか、というわけだ。

そこで、操作主義に、科学的である限りでの諸心理学の、統合原理の期待がかけられることになった。どういうことか、歴史的文脈を離れ、身近な例をとって説明しよう。

心理学コースのカリキュラムで欠くことができないのが、初級心理学実験、または心理測定実習という科目だ。その第一番目に出てくることが多いのが、「ミュラー・リアーの錯視」の測定である。

心理学科の卒業生でなくとも、図2―2のような図を見たことがある人は多いだろう。上の矢羽は内側を向いていて、下の矢羽は外側を向いている。矢羽の部分を抜いた、真ん中の線分の長さを（これを「主線」というが）、上と下とで比べてみよう。どうも下の方が長そうだ。ところが、定規を当てて測ってみると、両者の長さは等しいことがわかるのだ。つまり、矢羽の向きによって主線の長さの「錯覚」が起こっているわけだ。視覚的な錯覚だから「錯視」という。また、判断された主線の長さと物理的な主線の長さの差を、「錯視量」という。

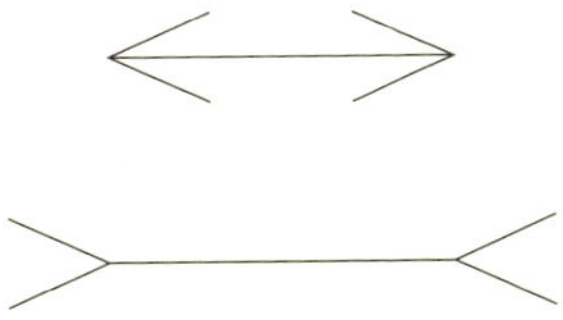

◆図2―2　ミュラー・リアー錯視

標準的な心理測定の教科書では、これについて、たいてい次のような説明がついている。

「ミュラー・リアー錯視を、単なる測定誤差として片づけることはできません。錯視量の大きさには、矢羽の向きや長さなどによって規定される一定の法則性があるからです。この法則性を明らかにするために、錯視量の測定実験を行います。心理測定法は、19世紀の物理学者、フェヒナーが考案した精神物理学的測定法がもとになっています。ミュラー・リアーの錯視だけではなく、錯視・錯覚の現象は、私たちの知覚的空間、知覚的世界のいたるところに存在します。今回の実習の目的は、錯視の測定を通じて、私たちは、物理的空間、物理的世界をそのまま見ているのではなく、一定の法則性をもってそれを変化させて見ていること、知覚的世界もしくはより広義に心理的世界と、物理的世界とは、異なるのだということを、理解するところにあります。……」

少し長くなったが、あなたはこの最後のくだり、「心理的世界と物理的世界とは異なる」という教えに、納得できただろうか。納得できたのなら、あなたは、心身二元論者の途を歩んでいることになる。そう、現代科学、特に生命科学の趨勢に背を向けて、である。じっさい、私のみたところ、心理学科の学生・研究者の多くは、隠れ二元論者なのである。

あるいは、ひょっとしたらあなたは、次のような問いを発していたかもしれない。――「物理的世界とは異なる知覚的空間だって？　心理的世界だって？　いったいそれは、この物理的宇宙の、どこにあるというんだい。脳のなかにあるんだって？　でも、いくら最新テクノロジーでヒトの脳を観察しても、電磁気的変化や血流量の変化やヘモグロビンの酸化度といった、物理的なものしか見えないんだが。」

まさにこれは、デカルトいらいの、由緒ある心身問題だ。そして、精神物理学の祖、フェヒナーは、心身問題に対しては、二元論どころか今日の目から見て神秘主義としか思えない汎心論的な生命思想によって答えているのである（岩渕輝　2014『生命（ゼーレ）の哲学――知の巨人フェヒナーの数奇なる生涯』春秋社　参照）。けれども、今はフェヒナーの話は置いておいて、私の言いたいことは、物理的世界と異なる知覚的世界、心理的世界の存在に関しては、科学的心理学は公式見解を用意している、ということである。つまり、知覚的世界とは、操作的定義によると、知覚心理学的実験によって測定されるところのものなのだ。知能とは知能テストで測定されるところのものであるのと、同様に。

かくして、ゲシュタルト心理学者が研究している知覚的世界も、けっして「主観的」なわけではなく、行動主義的学習心理学者が研究している迷路のなかのネズミの行動と同様の、「客観性」をもって定義されることになる。ゲシュタルト心理学だけではない。やはりナチスに追われる形でアメリカに本場を移した精神分析のばあいでも、事情は同じだった。「欲動」や「コンプレックス」といった直接観察できない概念にしても、何らかの方法で測定できさえすれば操作的定義が可能になり、科学的な客観性を獲得できるのだから。こうして、１９４０年代ごろになると、かつて三派鼎立と称された欧米の心理学は、アメリカにおいて操作主義のもと、行動主義を中心とした統一に成功したかに見えたのだった。★7

★7：Madsen, K. B. 1988 *A history of psychology in metascientific perspective.* Amsterdam: North Holland. 参照。

2・7　心理学の不自然な科学性

統一が長続きしなかったことは、だれでも知っていることだ。それが、第４章以下のテーマとなる。ここでは、知覚世界、心理的世界の操作主義的な定義が、まさに心理的に納得しがたい理由を指摘して、本章を閉じるとしよう。

そもそもブリッジマンの本来の操作的定義とは、量子力学におけるように極微すぎたり、相対性理論におけるように光速に近かったりして直接観察の範囲を越え、日常的な直観が通用しなくなるような対象に対する定義として、考案されたものではなかったか。これに対して、知覚心理学が扱っているのは、まさに日常的な直観そのものの世界である。私はミュラー・リアーの図形を現に見ているのである。それを、いまさら、知覚世界とは、知覚実験によって測定されるところのもので、つまりは測定という操作による構成物だなんで、信じろという方が無理というものだろう。

と、ここに、スチーヴンス操作主義の第2条が来る。「心理学ではすべての観察を、他者についての観察と見なす」のだった。つまり、どういうことになるのか。心理学では「私」は存在しないことにしなければならないのだ。私がミュラー・リアー図形を見ているのではなく、「渡辺恒夫」(読者は「　」内に、それぞれ自分の姓名を入れて読んでいただきたい)という他人が、ミュラー・リアー図形という刺激を与えられて、弁別反応をしている、と見なされるのだ。こうして科学としての心理学が、物理学や化学や生物学など自然科学と同格の科学的心理学が、成立する。そして、科学が私たちに、太陽が地球を回るという常識的直観が間違っていることを教えたように、私が今ここに存在してものを見ているという常識的直観が、間違っていることを教えるのだ。

ちなみに私は、20年以上、理学部で心理学を教えた経験をもつが、いくら心理学が科学であることを力説し、実験実習に力を入れ統計的手法を仕込もうとしても、理学部の学生たちは、けっして心理学を、物理学や化学などの「理科」の科目と同等の科学とは、見なしてくれないことに気づいていたものだ。その一因はやはり、自然科学の、だれでもが納得できる自然な科学性にくらべると、科学としての心理学が、作為的な、不自然な科学性に基づいているところにあるのだろう。科学的心理学は、自然科学ではありえないような、「他者の科学」という認識論的決断の結果、生まれた。そして、認識論的決断の後、そのような決断をしたことを、いつのまにか忘れてしまった。

　ブリッジマンが、若きスチーヴンスが会いに来た折の印象を友人に語った、１９３６年日付の手紙から引用して、この章を終えよう。

> ［スチーヴンス］は、長時間にわたって、印刷前の自分の二編の論文について話しつづけ、〝操作的概念〟について熱烈な信仰告白をした。……私はといえば、彼のいうところの〝公共的科学（public science）〟と〝他者（other one）〟なるものがまったくのたわごとであることを理解させようとしたがムダだった（本章★５の文献　p. 417）。

第3章

認識論的解読格子ができあがる

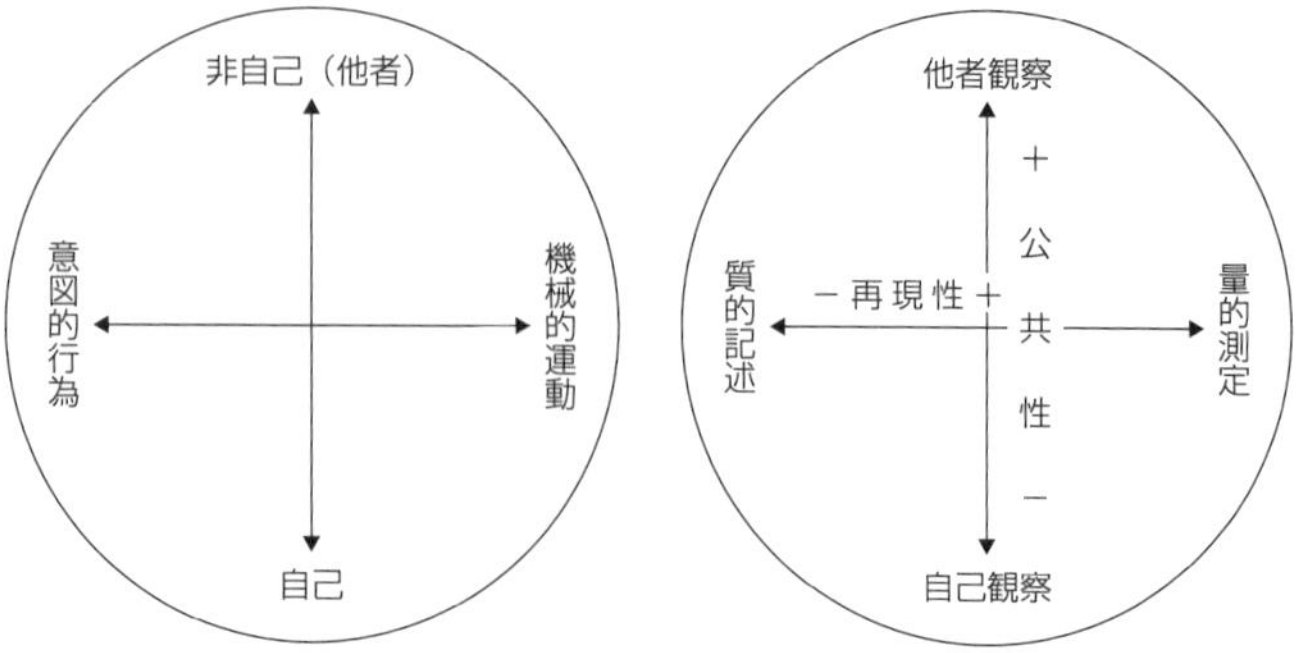

◆図3―1　ゼロから始める認識論の成果（左図）と操作主義哲学の解明の結果（右図）

短い章であるこの章の課題は、第1章での「ゼロから始める認識論」によって描かれた認識論的構図1―3と、第2章での操作主義哲学の検討によって描かれた同様の構図2―1とを比較照合することである。念のため、両図を並べて再掲載しよう（図3―1）。

3・1　他者への視点vs.自己への視点（視点の対立軸）

まず浮かび上がってくるのが、Y軸（縦軸）における両者の同型性である。

左図では、世界は、〈自己／非自己（他者）〉に構造化されていた。右図では、〈自己／他者〉の二者択一の内、他者を観察の対象にせよと言う。そこで、二つの図を統合して、Y軸を〈自己vs.他者〉と表記したくなってくる。

ただし、操作主義での「自己／他者」の区別は絶対的・存在論的なものではない。自己を観察したとしても他者についての観察と見なせというのだから、これは「他者への視点」を取れ、というに等しい。したがって、Y軸を〈自己への視点／他者への視点〉と表記し、〈認識論的な視点の対立軸〉、と名付けることにする。ものを見る場合の、特に心理学のテーマである人間観察を始める場合の、基本的な対立軸だ。

ちなみに無理に厳密に定義をすれば★1、自己への視点とは、観察者が観察対象を自己についての観察として観察するような視点のことであり、他者への視点とは、観察者が観察対象を他者についての観察として観察するような視点のことである。「として」という視点の違いだから、これは、観察対象が「内」にあるか「外」にあるかには直接関係がない。夢のような最も内面的な現象でも、自分の夢として思い返して夢日記に書くだけなら自己への視点にもとづく「自己の心理学」のデータとなるが、夢という物語の記録と見なすならば、他者への視点にもとづく「他者の心理学」のデータとなる。まさに、自己を観察しても他者についての観察とみなすわけだ。

★1：「厳密に」に強調点をつけたのは、皮肉の意味がある。ヴィトゲンシュタインも『青色本』（巻末ブックガイド参照）の中でいうように、言葉に厳密な定義などできはしない。厳密な定義を求めること自体、科学に対する特定の立場にもとづいている。

こういう説明をすると、〈一人称的視点／三人称的視点〉というターミノロジー（用語法）を採用した方がいいのではないか、と言うひとも出てくるだろう。事実、欧米の文献、特に意識研究の文献のなかでは、一人称的視点と三人称的視点の対比は最近とくによく見かけるところだ。また、私自身、かつては、〈一人称的vs.三人称的〉のターミノロジーを使っていたものだ★2。けれども、本書では、〈自己への視点vs.他者への視点〉で通すことにする。理由は、第一に、今までの私自身の経験からいうと、日本で「人称的」の語を用いると、「日本語では人称というものはなじまないのではないか」という、空気の読めない（つまり文脈を無視した）批判を受けてしまい、応戦に時間とエネルギーを浪費してしまう危険性がある。★3 第二に、こちらがより本質的な理由なのだが、本書の目的のひとつが他者問題の提起、心の科学・人間科学における自己と他者のパラドクスの指摘にある以上、「自己 vs.他者」の対立がはっきりするターミノロジーを使った方がよい、ということだ。

★2：『心理学の哲学』（巻末ブックガイド参照）を参照のこと。
★3：日本語には西欧諸国語におけるような人称が存在しないことの指摘は、もっぱら言語学者の鈴木孝夫の説を典拠にしてなされる。けれどもそもそも言語学的な人称と、認識論的概念としての人称とは、文脈がまったく違う。

3・2 法則的説明 vs. 意味理解（スタンスの対立軸）

次に、二つの図のX軸に目を向けよう。左図ではX軸の右側は「機械的運動」であり、右図ではそれは「量的測定」となっている。この両者の共通項は何だろうか。まず、機械的に運動する物体は位置・速度・質量・運動量など物理量を測定できるし、測定できなければ科学的説明は不可能になってしまう。だから、両者は問題なく重なりあう。けれども、心理学の対象の多くは、機械運動ではないように思われる。

前章の、主観的印象を強引に数量化するSD法という心理測定法の例をとってみよう。SD法では、たとえば「まったくキレイでない」から「非常にキレイだ」までを7段階から9段階に分けて判断させることで、「弁別反応」を得点化し、数量化するのであった。判断を「反応」呼ばわりして機械的な運動と言うのには抵抗があるかもしれない。ところが、操作主義の第6条を見直すと、「弁別とは、

〝物理的〟過程である」という語句が目に入る。弁別も、結果が数値化される以上、物理的世界のなかで生じる過程であることには変わりはあるまい。心理学実験では、反応時間や反応生起確率などの計測値が用いられることが多いが、それらも弁別反応に帰着させることができる。そして、現にそれら計測値を用いて刺戟と反応の間の関係を函数化し、「＊＊の法則」などと称しているのである。ＳＤ法を用いた研究でも、目標は法則の抽出にある。そして、法則化の目的は、行動の説明と予測である。

こうしてみると、転がる鉛筆の「機械的運動としての認識」と、弁別反応による「量的測定」との共通項は、その目的に、法則的説明にあることが分かってくる。そこで、Ｘ軸の右側を「法則的説明」と名付けよう。図中では、略して単に「説明」と記すことにする。

次に、Ｘ軸の左側に目を向けよう。

左側は、左図では「意図的行為」であり、右図では「質的記述」となっている。しかし、雲の動きのような機械的に運動する対象をも質的に記述することもできるし、「かなりキレイ」と「ややキレイ」を弁別する意図的行為をもＳＤ法等で量的に測定できてしまうので、両者はキッパリと対応するわけではない。むしろ、右側の法則的説明の場合と同じく、目的に焦点を合わせると、両者の共通項として「意味理解」が浮上してくる。第1章での、近づいてきた一人の他者の、「ごめんなさい」と言いながら床の上の鉛筆を拾う行為の、意味を私は理解している。言語表現をも含め、意味を直観的に理解できる行為と言うのが、意図的行為の定義であるといってもよい。前章、ＳＤ法を実施する場面で、弁別反応をさせるついでに、「わー、キレイね。小学校6年で行った……」という発語を録音しておいたとする。録音データを文章に落とした質的記述もまた、その意味が直観的に理解できる。意味を直観的に理解できるデータというのが、質的記述の定義であるといってもよい。これに対し、SD法など心理測定法によって数量化されたデータは、もはや直観的には意味を理解できない。

かくして、正式名称を「意味理解」とし、略称「理解」を図に書き込んで、X軸を〈説明vs.理解〉と表記することにする（図3—2）。

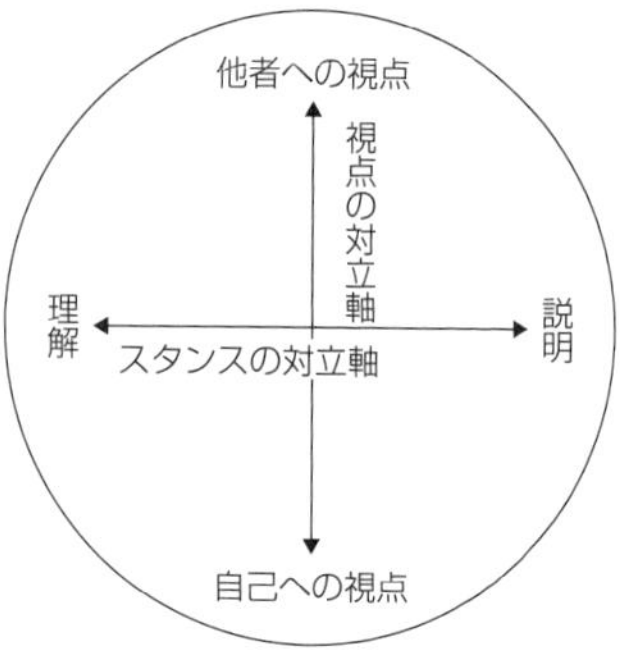

◆図3—2　認識論的解読格子

これにも、「認識論的視点の対立軸」のような名称を与えたい。ここでは、「認識論的スタンスの対立軸」の名を付けよう。

スタンスとは、野球で、打者が、構えた際の両足の位置を表すのに使われる語で、立ち位置と訳されることもある。「構え」といってもよい。カタカナ英語を避けたい人には、「認識論的姿勢」という表記を薦めたい。スタンスの語を用いることで、法則的説明／意味理解の対立を、対象の性質の区分（物か人か）を認識するまでもなく、私たち自身の世界に対する認識論的な構え、姿勢、もしくは態度の違いとして理解できるようになる。★4

★4：スタンスの語は、認知哲学者デネットの『志向姿勢の哲学』（若島正・河田学（訳）1996　白揚社　Denett, D.C. 1987 *The intentional stance.* MIT Press.）より拝借した。デネットによれば、対象の運動を予測するのに私たちは、物理学的スタンス、設計的スタンス、志向的スタンスのどれかを採用することができるが、運動のパターンに最も適合的なスタンスを選んだ場合に最もよい予測をすることができるという。ちなみにデネットは各スタンスに対応するパターンは実在的なものだというが、どのような意味で実在的かの説明はあいまいでよく呑み込めなかった。

こうして、認識論的解読格子が構成された。あとは、X軸とY軸の確定に伴って出現した4つの象限に、適切な名を付ける作業が残っている。これを、具体的な心理学の歴史に即し、次の第４章以下で順次行っていくことにしよう。

X・1　自画像と上空飛行

心理学史の分析に入る前に、「プロローグ」の最後でも予告したように、心理学認識論の躓きの石としての、人間的世界経験のパラドックス構造の図解をしておこう。まず、解読格子の元になった認識論的反省以前には、つまり世界を見ることを学び直す前には、私たちはどのように世界を見ていたかを思い返してみよう。すでに第1章の終りにふれたように、「上空飛行しつつ、多数の《箱》としての人間たちを俯瞰していた」のである。

図X—1左に、この世界を図示した。図には4人しか描かれていないが、多数の人間たちを頭上から俯瞰したモデル図である。尖った部分が鼻を示す。世界は直接にはマッハの自画像のようにしか知覚できないにもかかわらず、自分自身を含めた多数の人間達をあたかも上空を飛行しながら俯瞰したような光景を「実在」と見なす無意識的態度を、フッサールは超越化思考作用とむずかしく呼び、メルロ＝ポンティは上空飛行的態度と分かりやすく呼んでいる。

この図にはもう一つ特色がある。頭の中に、カブトムシが入った「箱」が一つずつ描かれているのだ。ウィトゲンシュタインは『哲学探究』（藤本隆志（訳）　1976　大修館書店　（原著 1955））の中でこう書いている。

各人が一つの箱を持っていて、その中には私たちが「カブト虫」と呼ぶものが入っている、と

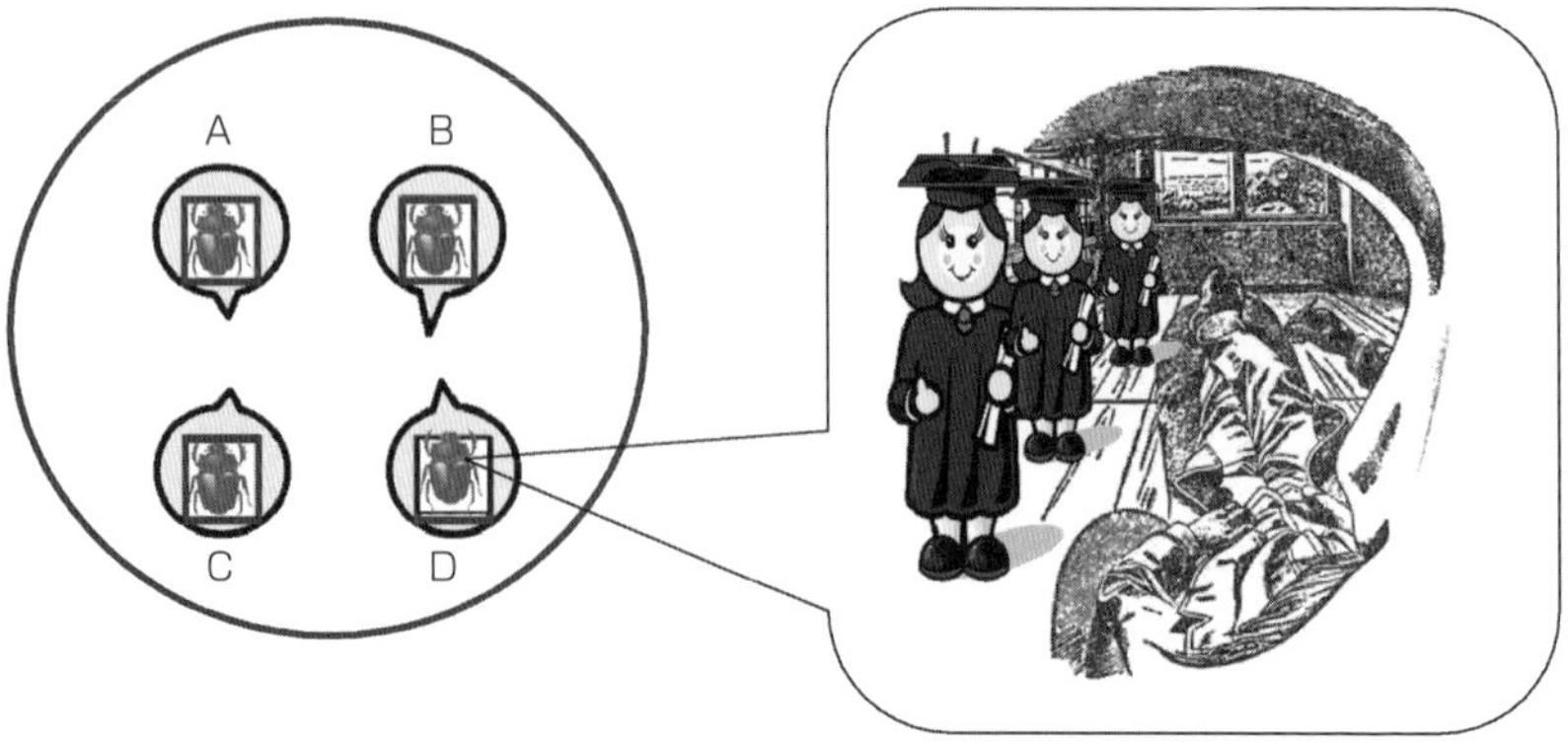

◆図X—1　上空飛行的視線の下の世界（左図）とマッハの自画像に出現した他者（右図）

仮定しよう。誰も他人の箱の中を覗くことはできない。そして誰もが「私は自分のカブト虫を見ることによってのみ、カブト虫が何であるかを知る」と言う。

（p. 199）

カブトムシの入った箱とは、私秘的な心の比喩である。このような、人間の「箱型モデル」もまた、自明なる常識的世界像を構成する。「頭の中に箱のある多数の人間が——自分自身も含めて——上空から見える」という世界像こそ、フッサールとウィトゲンシュタインによって明らかにされた自明なる常識的世界なのだ。

右側の図が、第1章で、世界を見ることを学びなおすという反省によって明らかにされた世界である。第1章の図と異なり、3人の他者が描かれている。これは、左側の上空からの俯瞰図で4人の人物が描かれていることに対応している。他者が3名に自己の1名を加えれば、左図と同数の4人になるのである。また、左図でDという人物へ右図からの吹き出しが付いているのは、Dが自分である、という事態を表現している。

ここで、人間的世界経験のパラドックス構造が、図解として明らかになる。私は二つの世界に同時に生きているのだ。

プロローグの最後で、このパラドックスを、次のように定式化したことを思い起こしてほしい。

「私は自分が人間一般の一例であることを知っているが、人間一般は直接には経験されない（現象しない）。直接経験されるのは自己と他者のみであるが、私はそのことを知らない（自覚しない）。」

左図、常識的自明性の世界では、自分は人間一般の一例である。私はそれを知っていて、日常的に疑ったりはしない（どのようにして知ったかまではわからないが）。ところが、反省を加えてみると、人間一般は直接経験されない（現象しない）ことがわかる。それが、右図の、反省によって明らかにされる世界である。直接経験されるのは人間一般ではなく、自己と他者のみであるが、私はそれを、ふだんは自覚しない。つまり、知らない。

これが、人間的世界経験の根源的パラドックス構造である。

くりかえし言うが、「人間的世界」というのは、昆虫学や岩石学のように自然的世界を経験する分には、このパラドックスは問題とはならないからである。もっとも、「人間的世界経験のパラドックス構造」では長すぎるので、カッコつきで「パラドックス」と呼ぶか、自己と他者の対立軸がパラドックスの中心になるという意味で、「自他のパラドックス」と今後は呼んで行きたい。心理学・心の科学、もしくは人間科学を実践することは、「パラドクス」のなかに、それと知らずして飛び込むことである。ここからして、ありとあらゆる混乱が生じてくる。自他のパラドクスこそ、心の科学の躓き

の石なのだ。★1

★1：石に躓いている例を、とりあえず、手元にある質的心理学関連の最新文献からあげよう。フーコー派言説分析のイアン・パーカーは、「心理学は主体（研究者）と対象（研究されるもの）が一致する学問のひとつである」（バニスター、バーマン、パーカー、テイラー、ティンダール（共著）『質的心理学研究法入門』（五十嵐靖博・河野哲也（監訳）　2008　新曜社　p.2））、と言う。けれども、これでは、左図（上空飛行的視点）において、それぞれの「人間」がそれぞれ自身を自己再帰的に対象化しようとしている、という構図しか思い浮かばない。問題は、人間科学を始めようとする際、パーカーのように自己再帰的に（自己への視点を採って）始めるか、自己再帰的でなく（操作主義のように他者への視点を採って）他者のみを認識対象とするかという、二つの選択肢に直面することにあるのに。たいていは、選択肢の存在に気付かずに、視点の混同をきたして、混乱した理論形成をすることになる。あるいは、一つの視点を採れば、他の視点にもとづくパラダイムが、「敵対的陣営」に見えてくる。

もうひとつあげよう。西條剛央（2013「構造構成主義による科学哲学の難問解決を通した人間科学の基礎づけ」科学基礎論研究　40(2), 39-60, p.57）は「構造構成主義において「他者」とは、それ自身が現象分節の起点となっているかのような〈構造〉という点で「私」と同型性が認められる〈確信される〉私以外の構造」「知覚や認識、感情、行為が生起する起点場として現象分析の起点となっているかのような構造の同型性が認められる者」という。これでは、私は西條の持論を知っているから辛うじて言いたいことが分かるが、この雑誌の一般読者には何をいっているのか分からないだろう。西條は「現象」から出発すると言いながらも、当の出発点の「現象」に人間的世界経験としての最も基本的な構造が欠けていたため、あとからそれを入れる羽目になり、このような出発点だか到達点だか分からぬ微妙すぎる言い回しになってしまったとしか思えない。いっそ、始めからやり直してみたらどうか。

X・2　他者問題と心身問題

こうしてパラドックスを図解してみると、スチーヴンスの「他者の心理学」が、躓きの石を巧妙に回避していることが分かる。科学を始めるためには、「自己」を抹殺することだ。かくして、図X－1の右図は無いものとされ、左図のみが「世界」として、科学的認識の対象になる。いまや、上空飛行的視点から俯瞰された世界には、「自分」は存在せず、「他人」だけが存在することになる。

登場人物のすべてが他人なら、他人の箱の中は覗くことはできないのだから、カブトムシの、つま

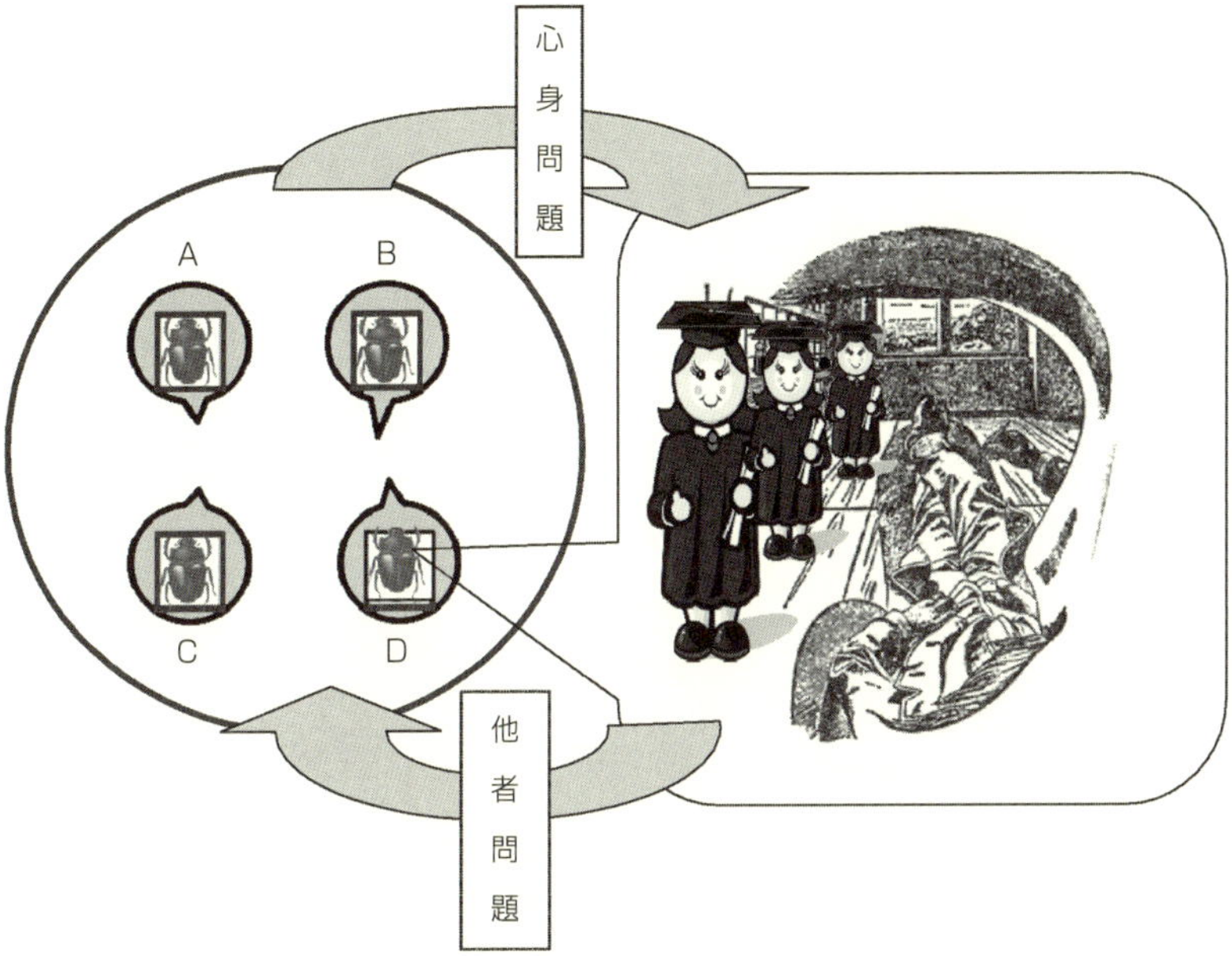

◆図X―2　左図の世界から右図の世界への行く手をはばむ「心身問題」と、右図の世界から左図の世界への行く手を阻む「他者問題」

り心の、存在自体があやしくなる。というより、不用になる。認識論的解読格子の第一象限に位置付けられる行動主義が心なき心理学といわれ、今また脳神経科学が意識の存在を否定し去る勢いなのも当然だ。上空飛行的視点を貫けば、箱の「内部」の存在が否定されてしまうのだ。こうして「心身問題」が発生する。

　これを、パラドックスの矛と盾である上空飛行的世界（図X―2左図）とマッハ的世界（同―右図）の関係としてみると、心身問題とは、左図から右図へ行く問題として、矢印で表されることになる。

　反対に、右図から左図へと行く

問題が、他者問題ということになる。「プロローグ」の最後でも述べたように、自分自身の人間的世界経験が「自己と他者」とのみから成ることに気づいた後、「他者もまた、私と同様の世界経験をしているはずだ。だから、私もまた、人間一般の一例に過ぎないはずだ」と思って、出発する問題だ。だから、他者問題の解決とは、右の主観的経験の世界が、文字通り「主観的」に過ぎず、私自身が人間一般の一例に過ぎない左の「客観的世界」こそが「実在の世界」であることが、何らかの形で確認できればよいわけだ。

これが、いうところの他者問題である。他者問題と心身問題とは、方向が逆ながら表裏関係にあるのだ。ただし、心身問題の歴史は古いが、他者問題が難問として自覚されたのは、20世紀初頭になってからにすぎない。これについては、巻末の付章で詳しく述べておいた。

第4章

科学革命の落とし児から認識論的革命へ

——解読格子の使い方

認識論的解読格子とはもともと、プロローグでいう心理学におけるバベル症候群の診断のために、つまり、明晰判明に手に取るように理解するために、作られたのだった。でも、それは、具体的にどうやって使うのだろうか。使い方の例解を兼ね、歴史をさかのぼり、20世紀に誕生した操作主義・行動主義と、それ以前の近世から19世紀にかけての心理学とを比べてみよう。

解読格子と照合するならば、操作主義とは、心理学を第1象限（他者視点・説明）に限定し、閉じ込めることで、その科学性を完成させようとした認識論的企てであることになる。ここで問題にすべきは、この科学性の追求が、心理学においていつごろから、どのようにして始まっていたかである（それが同時に、心理学は第1象限に閉じ込められる以前に、いったいどこにいたのかに、答える途となるだろう）。

4・1　科学革命の落とし児――法則性を追求してきた17―19世紀の連合心理学

一般には、「科学的心理学」は19世紀後半、フェヒナーの手になる精神物理学の誕生と、ヴントによる心理学実験室の創設によって、実験科学として誕生したということになっている。けれども、実験的方法を取り入れたというだけでは認識論的革命の域に達しているとはいえず、方法論的革命と言うべきだというのが、哲学的な心理学史である高橋澪子『心の科学史』（巻末ブックガイド参照）の説であった。それによると、心理学におけるものの見方の革命的な転回に他ならない認識論的革命は、心理学の歴史では二度あった。17世紀科学革命の時代と、20世紀前半の行動主義の時代である。前者ではデカルト（R. Descartes 1596-1650）によって私秘的な「意識」という概念が成立し、後者ではその

「意識」が、心理学から追放されたという。

本書では、デカルトまでは遡らないことにする。私秘的意識という概念が成立したからといって、それが即、心理学における科学性の追求になったわけではないからだ。むしろ、デカルトと同時代にデカルトとは独立にイギリスでホッブス（T. Hobbes 1588-1679）によって創始され、デカルトの影響を受けつつ、ロック、バークリ、ヒュームらイギリス経験論の哲学者の手によって発展させられて、のちに連合心理学の名で呼ばれるようになる流れに注目する。

ちなみに、心理学という言葉は19世紀末になるまで一般には使われず、イギリスではもっぱらモーラル・サイエンス（moral science）といっていた。ナチュラル・サイエンスに対比させた名だ。思想史の方で道徳科学と訳されているが、本書では精神科学《モーラルサイエンス》という表記を使うことにする。★1 イギリスでは精神科学《モーラルサイエンス》は、あらゆる知識が経験から導き出されることの説明を目指す経験論的認識論として、科学革命の時代に出発した。そして、18世紀から19世紀にかけて、ハートレイ、ミル父子、ベインらの手で、感覚、感情、思考、判断、推理、信念といったあらゆる心理現象を、心的要素の連合という単一の原理によって説明する連合心理学として完成したのである。

★1：この英語がのち、ドイツ語に Geisteswissenshaft（精神科学）と訳されていることを思えば、「精神科学」の方が思想史的には適切な訳だと思う。

連合心理学の歴史については、ワレンの『連合心理学史』★2という名著があり、１９５１年に矢田部達郎によって『心理学史』として自由訳が出ているので、もっぱらこれを参照して連合心理学の特徴を箇条書きにまとめよう（表４―１）。

◆表 4—1　連合心理学の 6 つの特徴

第一　その方法は内観法（内省法）。出発点が元々、知識の起源を求めて自分自身の心を内省するというデカルトの認識論にある以上、当然のこと。連合心理学に対する安楽椅子《アームチェア》の心理学《サイコロジー》という揶揄もこれに由来する。
第二　知識の起源としてデカルトのような生得観念を認めず、あらゆる知識の起源を経験に求めること。イギリス経験論の特徴である。
第三　時代が進むにつれて、経験の要素が多様から単一へと還元されてゆく傾向がある。ロック（J. Locke, 1632-1704）では、基本的な経験の種類は感覚と反省であり、反省が感覚に作用して観念（記憶や想像）が生じ、さらに「連合」によって単純観念から複雑観念が生じる。ヒューム（D. Hume, 1711-1776）になると、反省は余計として削られ、「印象」という新たなる名で呼ばれる感覚と、弱い印象である観念の二種類となるが、これは、量的差異を伴う印象一元論への還元に他ならない。
第四　連合法則自体が一元化される傾向。バークリ（G. Berkeley, 1685-1753）は連合法則として、類似、因果、接近の三法則を立てたが、ヒュームでは因果を接近の法則に還元して 2 法則とした★3。ハートレイ（D. Hartley, 1718-1795）は時間的接近のみを唯一の連合法則とした。19世紀のジェイムズ・ミル（J. Mill, 1773-1832）となると、バークリの 3 法則を検討して、連合は頻繁に生じれば生じるほど強くなるという、頻繁性（frequency）の法則に替えた。
第五　まったく原子論的要素主義的なこと。これには、物理的機械論的な傾向と、連合することによって新しい性質が生じるという心的化学と称される化学的傾向の 2 種がある。たとえば混色器によって多くの色彩を混合すると白色に見える。これを、心的化学に立つジョン・スチュアート・ミル（J. S. Mill, 1806-1873）は、単一の経験であるとするが、機械論的な父ジェイムズ・ミルは、それは見かけの上だけで単一の経験であるにすぎないと主張する。
第六　連合による説明を、ありとあらゆる心的現象へと拡大する傾向。連合心理学の頂点といわれるベイン（A. Bain, 1819-1901）になると、あらゆる観念に運動衝動が続くという新たな原理を導入することで、「信念」のような高度な精神作用をも、観念が運動衝動と結合している度合いが強いほど信念も強くなると、まったく連合主義的かつ量的に説明している。

★2：ワレン『心理学史』矢田部達郎（訳）1951　創元社（Warren, H. C. 1920 *A History of the Associative Psychology.* Charles Scriber's Sons.）

★3：ヒュームはこのことから、有名な因果法則否定論を導き出す。Aという事象に時間的に接近してBという事象が過去にくりかえし観察されたことから、次にAが観察された際にBが観察されるだろうと予測するのが、因果的法則的認識である。けれどもヒュームによると、過去の時間的接近による連合法則によってAの観察の際にBの観念が習慣として生じるということにすぎず、因果関係が自然界に法則として実在することを正当化するものではない。このヒュームの因果性批判がカントを刺激して『純粋理性批判』を書かせたというのは、哲学史上の常識に属する。

表4―1の中で第三から第六までの四つの特徴は、要素と法則とを可能な限り単純化しつつ、しかも説明の範囲を森羅万象に及ぼそうという傾向、としてまとめられる。これはまさに、近代科学、特に、ニュートンの力学とボイル（R. Boyle 1627-1671）、ドルトン（J. Dolton 1766-1844）の原子論に代表されるイギリスにおける物理化学の発展と、軌を一にしているとしか言いようがない。心理学は19世紀の実験心理学の出現以前は質的心理学だったのだと言われることがあるが、少なくとも連合心理学は、その精神においては質的心理学とは無縁であった。17世紀の科学革命の落とし児にふさわしいと言うべきか、最初から物理化学的な科学性を範としていたのである。ただ、数量化の方法が見つからなかったから、本来は物理化学のように数学の言葉で表現すべきところを、やむなく質的な言葉で説明していたのに過ぎなかったのだ。

ワレンもこう述べている。

> 連合主義的分析は、内省法だけで到達できる最高段階に達した。……そこでドイツから新たなる心理学的実験法が移入されて、それが純内観的な連合主義にその結末を与えたのである。……連

合主義は元来、経験的方法をその生命とするものであって、この意味においては実験法はその連続であり、当然の帰結であったと云うこともできる。(p. 187)

4・2 実験心理学の誕生

そんな、科学革命の精神の忠実な後継者ともいうべきイギリス連合主義心理学の中から、なぜ実験的方法が開発されなかったのだろうか。ワレンの著書を見ると、連合心理学はイギリスに限られるのではなく、フランスでもかなりの水準に達していて、ドイツでも研究がなされていたことが分かる。だから、別な問い方をすれば、なぜイギリスやフランスではなくドイツで実験心理学が誕生したのだろうか。これは純粋に科学史に属する問題なので、すでに引用した高橋(1998)の著作などをひも解いていただきたいが、一つだけあげると、実験心理学の直接の母体が19世紀ドイツの感覚生理学であった、ということだろう。

じっさい、感覚心理学・知覚心理学の初歩を学ぶ際に必ず出てくる名前に、ヘルムホルツ(H. v. Helmholtz 1821-1894)がいる。神経の伝達速度を始めて測定した生理学者として有名だし、心理学でもヤング・ヘルムホルツの三原色説やヘルムホルツの錯視など彼の名をかぶせた用語が知られているし、聴覚心理学の分野でも大きな足跡を残した。物理学者でもあって、エネルギー保存則の確立にも貢献した。19世紀最大の科学者の一人だ。近代心理学の建設者、ヴントは、このヘルムホルツの助手として、感覚生理学者として出発した人であった。その他にも、ウェーバーの法則に名をとどめてフェヒナーの精神物理学の先駆者となったウェーバー(Ernst Weber 1795-1878)も、触覚や体性感覚の領域で重要な実験的貢献をした生理学者だったし、フェヒナーも物理学者であると同時に生理学者だった。実験心理学は、ヴントによる1879年のライプチヒ大学における心理学実験室の開設を待たずに、研究分野としては感覚生理学者たちの手で実質的には始まっていたのである。

してみると、どういうことになるのか。この辺で、認識論的解読格子に戻ってみよう。

図4—1として、認識論的解読格子の上に、科学革命いらいの連合心理学から20世紀の行動主義心理学への変遷を、矢印で示しておいた。今までの連合心理学についての検討から、それが、内観法を取り、したがって「自己への視点」を取ることは明らかだろう。

次に、数学も実験も使っていなくとも、連合心理学が法則的説明を目指していたことも明らかだ。だから、17世紀科学革命の落とし子である連合心理学は、第4象限に位置付けられる。そして、その対象は「意識」である、ということになる。つまり、解読格子では、象限の名称が心理学の対象を示すことになるわけだ。

そこに、実験法が導入される。これは、第4象限にあった心理学が、第1象限へと移動を開始したことを意味するだろう。

もちろん、感覚生理学者の立場は個別的に見れば、徹底的な唯物論的還元論的機械論的な立場を取るヘルムホルツから汎心論に近いフェヒナーまでさまざまだ。ここはやはり、いちばん重要なヴントの場合を例にとろう。

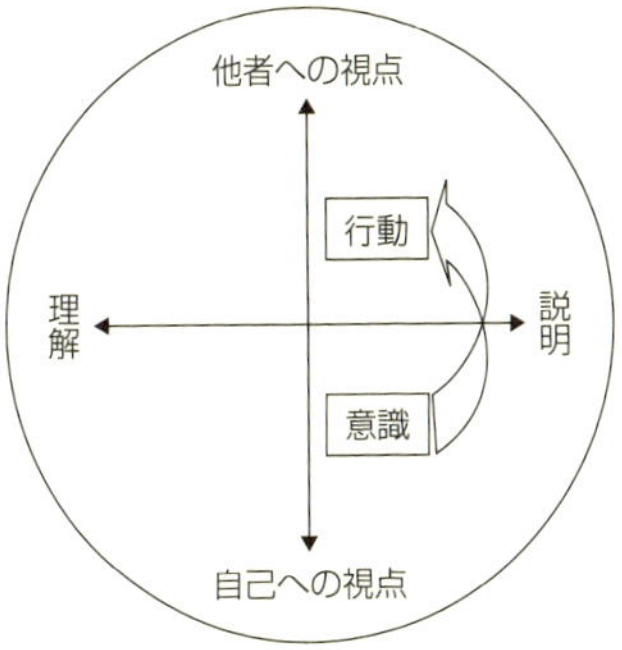

◆図4—1

★4：Wundt, W. 1911 *Grundriss der Psychologie*, 10 Aufl. Leipzig: Vrg

◆表 4—2　ヴント心理学の特徴

①心理学の対象。自然科学の場合と同じ経験的世界である。両者は見方がちがうだけである。たとえば「目の前に机がある」という経験のばあい、「目の前に机があると私には見える」という直接の経験をあつかう「直接経験の学」が心理学であるのに対し、自然科学は、認識の主体を捨象して客観的実在としての机という仮説的存在をあつかうから、「間接経験の学」である★[4]。直接経験の根本的性質を研究する学として心理学は、経済学社会学法学などの一切の精神科学の基礎学である。精神科学とは、直接経験及びそれから生じた行為、並びにその結果を対象とするものだからである★[5]。
②心理学の方法。自然科学と同じく観察と実験である★[6]。昔から心理学は「自己観察」を唯一の方法としてきたが、「自分が沼だかに落ちたときに、自ら自分の髪をつかんで自分の身体を引き上げようと努めるようなもの」としてヴントはこれに反対する。自己の心的現象を観察するという心的現象によって観察対象が変化を受けるからである。このような内観にまつわる困難を補うのが実験である。ヴソトの「心理学的実験」は、精神物理学的実験とは異なり、刺激と感覚の間の関係を対象とするものではない。刺激は心的過程の生起と変化をコントロールするための補助手段に過ぎず、あくまで心的過程そのものの観察が心理学の主眼であった★[7]。生理学的考察は単に、心理学的分析を精細にするための補助学でしかないのである★[8]。
③民族心理学（心理学のもう一つの方法)。実験的方法は、感覚、知覚とそれに伴なう感情のような比較的単純な過程をこえた高次の心的過程には、適用が困難となる。言語、神話的表象、風習などの領域に対しては、民族心理学を提唱する。個人的なものと異なり、集合的表象は観察によって変化をこうむる気遣いがない。観察でもって言語や宗教の内部過程を推論すべきである★[9]。ちなみに、ヴント晩年の民族心理学は、長い間忘れられていたが、質的心理学の再興と共に1980年代ごろから再評価が進み、文化人類学の先駆とみなされるにいたっている。
④心理学の目標。自然科学と等しく、経験的事実の法則を明らかにし、因果的に説明することである。ただし、「心的因果」は「自然因果」とはまったく異質の原因結果の関係に基づく。精神現象に特有な因果的原理ないし法則のいくつかを例に取って下記にこの点を説明しよう。
⑤創造的総合の原理。ヴントによれば、「感覚」と「単純感情」が意識を構成する根本要素であり、これら要素の結合によって複雑な精神現象が生起する。ここまでは連合心理学と同じである。けれども、結合の結果、その要素とはまったく異なった新しい性質を生じる。たとえば、感情、情緒、表象などのあらゆる要素的過程が統一的に結合して、「意志」というような別種の新性質が生じる★[10]。
⑥精神成長の法則。⑤を「心的価値」の面から見れば、結合しない前よりも増加していると見なければならない。つまり、物理的エネルギーは恒常なのに、「心的エネルギー」は増加の一途をたどるのである。ここからしてまた、自然界では新たなものは何も生じないのに対し、精神は常に進歩の方向を取るという「精神成長の法則」が導かれる★[11]。
⑦心的因果の根源性。ヴントは、心的因果を根本的とし、自然因果を派生的とみる。前者は意識の分析によって直観的に認められるのに、後者は論理的推論によって到達されるにすぎないからだ。つまり、私たちは、内部過程に行われている因果の原理を、外部の経験に適用して、ここにも同様の因果の関係の存在することを推定するのである★[12]。

W. Engelmann. p. 3.
★5：ibid., p. 5.
★6：ibid., p. 24f.
★7：須藤新吉　1920『ヴントの心理学』増訂第3版　内田老鶴圃　p. 100.
★8：Wundt, ibid., p. 394ff.
★9：ibid., p. 29f.
★10：ibid., p. 398ff.
★11：須藤、同書、p. 471.
★12：同、p. 461.

4・3　ヴント心理学のユニークさ

ヴント心理学は、近代心理学の制度的創設者というイメージとは裏腹に、かなりユニークである。ユニークなだけあって数行で片づけてしまうと誤解の種になりかねないので、スペースを取って表4―2としてまとめておいた。先をいそぐ読者はとばしても、本書の理解には支障はない。

この表でも明らかなように、ヴントは心理学を「直接経験の学」と定義する。すなわち、感覚生理学の大御所ヘルムホルツの弟子という出自とも、そして自らの主著の『生理学的心理学の基礎』という題とも逆らうように、一人称的視点、自己への視点を貫こうとしたと思える。その心身問題に関する哲学思想にしても、心身関係についていかなる因果関係をも否定し、竹の筒の表と裏のような同一の存在の両面とみなして「並行伴起」の関係にあるという「心身並行説」をとっている。また、法則観にしても、イギリス経験論のようには機械論的ではなく、J・S・ミルの心的化学の域をも超え、意志的創造的である。特に、表の⑦の、心的因果を根本的とみなして自然因果を派生的と見るところなどは、第6章で出てくる、同時代における科学的心理学への最大の反対者であって「理解と解釈」を人間科学の方法として唱えたディルタイの、心的カテゴリーを根本とみなして自然的物理的カテゴリーを派生的と見る説を思わせる。

このようなユニークさはまた、裏返して言えば、ヴント心理学が過渡期の産物であることを示すものではないだろうか。何の過渡期かと言えば、第一に、図4—1に矢印で描かれたような、第4象限〈自己への視点・法則的説明〉から、第1象限〈他者への視点・法則的説明〉への過渡期だった。それと同時に、心理学・心の科学の多様で広大な可能性の領域を、第1象限へと制限する動きへの抵抗勢力として、質的心理学の認識論がはっきりとした姿を現す直前という、過渡期でもあった。

4・4 本章のまとめと次章以降の展望

図4—1の矢印で示された心理学の移動は、第2章での考察を踏まえて言えば、近代科学の方法論的要請である、〈科学性＝観察の公共性・再現性〉に、忠実にあらんとした必然的結果であった。公共性の要請が他者視点を呼び求め、再現性の要請が、法則的説明のスタンスを呼び求めたのである。これによって心理学は、自然科学と同様の科学性の要請（公共性・再現性）を充たす、名実ともに「科学的心理学」となった。それによって、操作主義の背景にある論理実証主義における統一科学の構想下に入ることも可能となったのだった。

なお、しばしば行動主義の科学哲学的背景とされる論理実証主義であるが、年代順から言って、まず行動主義心理学が現れ、それに刺激されて（第7章でみるように）論理実証主義哲学者ヘンペルの、心理学も物理学に還元されるとする統一科学の構想が打ち出されたのである。けれども、このような、行動主義をモデルとして心理学を統一科学に組み入れる構想では、当時の三派鼎立状況での他の二派であった精神分析もゲシュタルト心理学も排除されてしまう。スチーヴンスの操作主義は、これらをも操作的に定義できる限りで「科学的心理学」の旗印の下に統合を可能にした優れた構想であり、現実に1930年後半―50年代には、行動主義中心のそのような統合が、アメリカ心理学界では成立していたとされる（第2章6節参照）。

ともあれ、20世紀にいたって、「科学的心理学」は、自然科学的な「公共性」「再現性」という科学性を貫徹すべく、四つの象限のうち、第1象限〈他者・説明〉へと自らを制限することで、成立したのだった。高橋（1998）のいう「認識論的革命」である。19世紀後半の実験心理学の誕生は、方法論的革命の水準にあったにすぎなかったが、この認識論的革命つまり行動主義の登場によってはじめて、心理学は近代科学の仲間入りをしたのだと、高橋は言う。「公共性・再現性」が近代科学の方法論的要件である以上、この説は正しいといわなければなるまい。ただし、すでに述べたように、心理学の科学性とは、自然科学の科学性とは異質の、「他者への視点」という認識論的決断に基づく不自然な科学性だったのだが。

そこで、科学的心理学という制約を打破し、質的心理学が興隆するためには、第1象限にのみ科学性を制限するという狭い認識論的枠組みの打破が必要だということになる。この認識論的転回は、事実、20世紀の50年代末から60年代にかけての論理実証主義に代わる新・科学哲学の登場を背景として、実際に起こったことだった。

けれども、その前に、質的心理学認識論のルーツを明確にしておいた方がよいだろう。すでに述べたように心理学は、19世紀の実験心理学の誕生を待つことなく、17世紀科学革命の落とし子として、自然科学と同質の法則的説明の科学への道を歩み始めていた。けれども、連合主義的な「科学的心理学」一色に、人間理解の試みが染め上げられたわけでもなかった。

私はかつて、民間心理学《フォークサイコロジー》の起源について、[★13]こう書いたことがある。「いずこの社会にあっても、人情の機敏に通じ人心収攬に長けた人間がいて、その技術が学びとられ洗練され、知見が集積され伝承され、「知恵」「処世訓」となり、あるいは民間の金言として語り伝えられ、あるいは賢者の教えとして文字に残されたと想像できるのである[★14]」。事実、17世紀、デカルト派の「新哲学」が一世を風靡し、デカルトの合理論に対抗して経験論に立脚して連合主義的な心理学を展開したコンディヤックが活躍するという時代に著された、ラ・ロシュフーコーの名高い『箴言集』（二宮フサ（訳）1989 岩波文庫 原著 1678）などは、そのような箴言心理学とでも言うべき心理学の伝統的あり方の、典型とみなすことができるだろう。

自分を偉いと信じている人たちは、逆境にあることを名誉とするが、それは、自分が運命から狙い撃ちされるほどの大物だと、他人にも自分にも思いこませるためなのである。（p. 24）

われわれはあまりにも他人の目に自分を偽装することに慣れきって、ついには自分自身にも自分を偽装するに至るのである。（p. 42）

謙虚とは、往々にして、他人を服従させるために装う見せかけの服従に過ぎない。それは傲慢

の手口の一つで、高ぶるためにへりくだるのである。（p. 79）

★13：民間心理学（folk psychology）。英米哲学界で盛んな心の哲学における用語。「彼女は教室の窓を開けた」という行動を、「涼しさを求める」欲求と、「窓を開ければ涼しくなる」信念との組み合わせで説明するような、科学的な知見に基づかない私たちの素朴な、日常的な心についての理解と説明の枠組みのこと。常識心理学、習俗心理学、あるいはそのままフォークサイコロジーとカタカナで記す語法も可能だが、本書では、民間心理学《フォークサイコロジー》と仮名を振って使うことにする。なお、表４－２にあるヴントの民族心理学（Volkerpsychologie）も folk psychology と英訳されるが、両者は別物と考えた方が良い。

★14：渡辺恒夫　1994　「心理学のメタサイエンス　序説」心理学評論　37, 164-191.

じっさい、ラ・ロシュフーコーを読んでいて、その容赦なさにしばしば連想されるのはフロイトだ。サルトルの自己欺瞞論を連想するという人もいるだろう。ここには、のちに精神分析や現象学的心理学として体系化されるさまざまな鋭い洞察が、ちりばめられている。科学的心理学とは別系統の、質的心理学の伝統がここにあるといってよい。けれども、これらの洞察がこの時代、学としての自覚的な体系化にまで至らなかったのは、このような「意味」による人間理解が、もともと人間にとって自明で自然なものでありすぎて、とりたてて方法論的自覚を必要としなかったためではないだろうか。ようやく19世紀の後半、ヴントらによる実験心理学の誕生という時代を背景に、いわば対抗的に質的心理学の認識論が形成されたのであった。

そのルーツを、現象学の潮流（第５章）、解釈学の潮流（第６章）に分けて、明らかにしていこう。

第5章

質的心理学認識論の源流（1）——現象学とゲシュタルト心理学

5・1　ブレンターノと志向性

現象学の始まりは、ドイツの哲学者で心理学者のブレンターノ（F. Brentano 1838-1917）による、「志向性」の発見に求められる。質的心理学の出発点自体を、志向性について考察したブレンターノの主著『経験的立場からの心理学』の刊行に求める説もある。★1 奇しくもこの本は、ヴントの主著、『生理学的心理学概要』と同じ1874年に出版されている。

★1：Valsiner, J. 2005 Transformations and flexible forms: Where qualitative psychology begins. 質的心理学研究 No.4, 39-57.

それにしても志向性とは耳慣れない言葉だ。「意識や感情や思念などの心理的現象は常に何かについて（about）の意識・感情・思念である」というように説明し、「について性」（aboutness）と言い換える現代哲学者もいるが（たとえば、サール★2）、正直のところ、あまりピンとこない。そこでやはり原典にさかのぼってと、ブレンターノの主著を紐解こうとしたが、あいにく邦訳がない。さいわい、スピーゲルバーグ『現象学運動』（巻末ブックガイド参照）に、現象学創生期についての要をえた紹介があるので、これを参考にし、志向性を、「物理現象と異なり、心的現象は対象への指示関係を備えている」と言い換えてみた。

★2：サール（John Searle 1932-）。現代の「心の哲学」を代表するアメリカの哲学者。思考実験「中国語の部屋」は、人工知能が心を持たないことの証明の企てとして有名。第9章★10も参照。

人跡まれな深い山の中の洞窟に、探検隊が入ったとする。隊員は、サーチライトで浮かび出た壁の一部が赤い模様を作っているのを見る。「地層かもしれない」と思う。地質学者の出番だ。赤い色の素は、岩石の成分を分析すれば分かるだろう。そこから、この地域の太古における火山活動が復元できるかもしれない。ところがよくみると、赤い模様は野生の牛らしき巨大な動物を象っていて、周囲には、弓矢をつがえた人間まで描かれているではないか。何万年か前の、太古の人類が残した「洞窟壁画」だったのだ。

探検隊は、単なる物理現象ではない「心的現象」（心理現象）に遭遇したわけである。洞窟の壁の赤い模様という「現象」を、洞窟の住人達は現実の狩猟の風景として眺め、現代の探検隊員も太古の狩猟として理解した。この、「ＡをＢとして」経験するという関係が、現象（Ａ）の対象（Ｂ）への「指示関係」ということだ。絵画や写真、各種の記号や言葉などはすべて、対象への指示関係を備えるという意味で、「志向性」の例となる。志向性をもつのは、これら、壁に塗られた赤土のような物質的媒体に支えられた「記号・象徴」の類だけではない。たとえば、自宅にいるリリィという名のビーグル犬のことを考えれば、名前や姿のイメージが思い浮かぶが、それらのイメージの断片は、現実の愛犬として思い浮かべられるという意味で、指示関係を備える。10年前に死んだ初代のリリィのことを回想すれば、今度は過去の出来事への指示関係に入る。今のリリィが死んだら今度はシャム猫を飼ってそれもリリィと名づけよう、などと思いめぐらせるときには、シャム猫の心像を未来の対象として思い浮かべ、未来の出来事への指示関係に入る。

5・2 「志向性」は「表象」や「記号」で置き換え可能か？

こうして志向性の例をあげてゆくと、それはピアジェのいう表象のことではないか、と言う人もいるだろう。じっさい、表象の欧語（representation）を見ると、〝presentation〟に「再び」の意味の〝re〟という接頭語がついている。プレゼンテーションはすっかりなじみの言葉になったが、元々、「いま、ここに現れている」という意味だ。だから、表象とは「今ここに現れていない対象を、再び今ここに現れさせる」ということであり、そのため「今ここに現れている対象によって、今ここに現れていない対象を指示する」ということになるわけだ。

また、表象と意味が重なる語に、記号（sign）がある。ピアジェの表象機能の発達心理学によると、乳幼児の表象機能は、標識、象徴、心像、記号と発達する。★3 記号が象徴や心像など他の表象と異なる点は、指示対象と似ていないことと、対象との関係が任意であって必然性がないことだ。だから言葉は代表的な記号である。ただし、学者によって「記号」に与える意味が異なっていて、アメリカの論理学者、パース（J. Pearce 1843–1912）の記号論では、記号はピアジェのいう表象とほぼ同義で用いられている。

★3：Piaget J. 1945 *La formation du symbole chez l'enfant.* Neuchâtel: Delachaux et Niestlé.

けれども、志向性の範囲は、表象や記号の範囲よりも広い。ブレンターノの弟子で、一般に現象学の創始者とされているフッサールになると、志向性の分析として、知覚の分析を中心とするようになるからだ。知覚とは、対象が現前する（presentation）ことだが、フッサールの現象学によると、知覚像もまた、指示関係を備える。テーブル上の花瓶は、取っ手のある正面しか見えず、裏側や底面は現前していない。けれども私はそれを、今ここでは見えないが裏側と底面も備えた立体であり、目をつぶっても存在し続けている「客観的実在」として、知覚している。このように、知覚像もまた、客観的実在という「対象」を指示するという意味で、志向性を持つ「心的現象」なのである。

志向性を備えるのは、図像や記号や知覚や想像や回想などの、静的な経験にとどまらない。私たちの行動にもまた、志向性がある。行動には、たとえば「床に落ちた本を拾いあげるために」身をかがめるという、対象への指示関係があるからだ。この場合、行為の「目的」が指示対象ということになる。もし身をかがめたとしても心臓発作が原因だったならば、志向的行動ではないので心理学ではなく医学と生理学の出番ということになる。欲求・欲望も、志向性の例である。私が今、感じている腹部の空虚感と疼くような感覚は、「食べもの」という対象を指示しているからこそ、食欲として経験されるのだから。もし同じ感覚が何も対象を指示していないのなら、それは欲求ではなく単に胃の調子が悪いということになり、志向性なき生理現象ということになる。

5・3　「志向性」は「意味」で置き換え可能か？

ここまで、「志向性」というやっかいな哲学的業界用語《ジャーゴン》を考察してきて、「意味」という、より分かりやすい言葉にかなりのていど置き換えられるのではないかと、思い当たった。そもそも、「対象への指示関係」とは、「対象への意味関係」でほぼ置き換え可能である。絵画にしても文字にしても、それらの現象が対象への指示関係という「志向性」を持つという事態は、すべて、それらが「意味」を持つという表現ですんなりと置き換えられるだろう。

洞窟の壁の赤い模様は、野生の牛という「意味」を持つ。もし、そのような意味が認められなければ、探検隊は地質学者を呼んだだろう。地質学者は、赤い線として露出している地層の形成された原因を、既知の自然科学的法則を動員して説明しようとしただろう。けれども今や、新しく発見された洞窟壁画の調査に訪れた人類学者たちは、洞窟の太古の住人達が、このような壮大な壁画を描いた理由を、目的を、理解しようと、議論をたたかわすのである。「狩猟の記念という意味があるかもしれない」「いや、狩りがうまくいきますようにという、呪術的な意味を込めたのかもしれない」等などと。

ブレンターノによる志向性の発見が質的心理学の出発点であるということは、心理学の対象が意味ある経験、意味ある行為であり、その目的が意味の理解であり解釈であることの、再発見ということだったのだ。

5・4　法則性の追求から「意味」の再発見へ

ここで、「再発見」という言い方を使うのには、もちろん理由がある。「心理学は世界最古の科学のひとつである」と言う言葉があるが、それは、人の心をその表情や振る舞いや声の抑揚から理解したり、自分の心をコントロールしたりするための多少なりとも体系的な知識や技術は、文明誕生いらいあったと思われるからなのだ。現代でも、一般社会で心理学といえば臨床心理学や心理カウンセリングのこととなっているのも、それらが古来からの心理学のイメージに近いからにほかならない。ところが、17世紀という科学革命の世紀いらい、前章でみてきたように、イギリス経験論哲学のなかで連合主義心理学として発展してヴントの内観心理学にいたる流れでは、必ずしもそうではなかった。

「意味」を度外視して，連合原理によって法則的に心を説明する方向へと，あるいは意味そのものをも連合法則によって説明する方向へと，発展するのである。

ちなみに，質的心理学で重要な役目を果たす「記号」や「象徴」が，連合法則による被説明項ではない，独自の働きを持つものとして考察の対象になるのは，イギリスでは，G. H. Lewes（1817-1878）の，死後1年にして出版された著書（1879）が最初だという（ワレン『心理学史』p. 119）。これは，期せずして，ヴントによる実験室創設の年にあたる。

5・5　ブレンターノからの心理学的継承——ゲシュタルト質からゲシュタルト心理学へ

今日，現象学の名は，ブレンターノの哲学的後継者ともいえるフッサールの名に結び付けられていて，ブレンターノからの心理学的継承のルートがあったことはほとんど忘れられている。現象学運動の創始者としてのフッサールの存在感があまりにも大きく，おまけに数理哲学から出発した彼が数学を心理学的に説明する「心理主義」を激しく批判したこともあろう。ともかくこの，現象学の心理学的継承ルートは，フッサールの兄弟子であったシュトゥンプ（C. Stumpf 1848-1936）をへて実験現象学へ，さらにはゲシュタルト心理学へと展開してゆくのである。このあたりの，ヴントら実験心理学との緊張関係をはらみつつもっぱらドイツ語圏で展開された流れについては，私を含めた心理学専攻者には近寄りがたいところだが，さいわい日本語で読める総説や邦訳書がある。★4 それらにもとづいてかいつまんで紹介しておこう。

★4：特に，村田純一「形の知覚」（巻末ブックガイド参照）が分かりやすく参考になった。

まず、この流れのなかで重要なのは、１８９０年のエーレンフェルス（C. v. Ehrenfels 1859–1932）による「ゲシュタルト質」の提唱だ。ゲシュタルトとはドイツ語で形態（Gestalt）のことだが、すでにマッハは、空間的形態やメロディーのような音の形態を直接「感覚」できるという説を唱えていた。エーレンフェルスはこの説を批判しつつ、要素主義的なマッハの説とはちがって、ゲシュタルト質は感覚要素の総和以上のものであり、それに新たな要因が付け加わったものであるとした。ゲシュタルト質は、それを形成する要素とは異なった秩序のレヴェルを形成するのだ。このゲシュタルト質の存在を示す証拠としてあげられるのが、まったくことなった音の要素の組み合わせから同じメロディーが成立し、逆に同じ要素から成るものでも配列が違うとまったく違ったメロディーが生じるという事象だった。

エーレンフェルスは、ブレンターノの弟子マイノングという人の、そのまた弟子にあたる。マイノングを中心としたグループをグラーツ学派という。メンバーには他に、聴覚の研究で有名なベヌッシなどがいた。そのグラーツ学派がゲシュタルト質のアイデアを理論的に基礎づけるのだが、そのさい前提としたのが、個々の感覚与件には個々の物理的刺激が対応するという、「恒常仮説」のテーゼだ。この仮説そのものは、感覚生理学者で哲学者でもあったロッツェによって洗練されたが、ヴントを含めた19世紀の感覚生理学・実験生理学の共通の前提となった原子論的要素主義的仮説だ。だから、グラーツ学派によると、ゲシュタルト質は、個々の物理的刺激に対応する要素的感覚をさらにゲシュタルトに統合するという、二段階構成によって成立することになるわけだ。

この恒常仮説に実験現象学的手法で真っ向から意義を唱えてゲシュタルト心理学派を形成したのが、

シュトゥムプの門下であるヴェルトハイマー、ケーラー、コフカからのベルリン学派だった。

5・6　ゲシュタルト心理学とその周辺

ゲシュタルト心理学の誕生は、ヴェルトハイマー（Max Wertheimer 1880-1943）が仮現運動に関する実験結果とその考察を発表した、１９１２年に求められるのがふつうである。この論文「運動の視覚についての実験的研究」で検討されたのは、一定の距離に置かれた二つの光の点をいろんな時間間隔で点滅すると、二つの点が継起的に見えるのでもなく、同時的に見えるのでもなく、一方から他方に向かう運動が知覚される時間間隔が存在する、という現象だった。この見かけの運動はファイ（φ）現象と名づけられた。おまけに面白いことに、この時間間隔をわずかに減少させると、今度は光点は運動せずに運動だけが知覚される。光点の運動は分解されて運動体なき運動が知覚されるのである。

◆図５―１　ルビンの両義図形

ファイ現象の発見が革命的なのは、運動の知覚が、対応する運動する感覚与件なしに、したがってそれに対応する運動する物理的刺激なしに生じていることだった。ヴェルトハイマーによればこのような事態は、運動知覚一般でも生じていることである。グラーツ学派のいうような、物理的刺激に対応する感覚与件にゲシュタルト質が付け加えられるという、知覚の二段階式の構成理論は不要なのだ。ゲシュタルトは直接知覚されるのだから。

対応する感覚与件なしにゲシュタルトが知覚されてしまうという例は、有名な「ルビンの杯《さかずき》」でも言えることだ（図5―1）。最初、まんなかの白い部分が杯に見えていたものが、やがて両側の黒い部分が向き合った横顔に見えてくる。この図―地反転の知覚には、対応するいかなる感覚の変化もなければ、まして感覚に対応する刺激の変化があるわけでもない。ちなみにルビン（E. Rubin 1886-1951）もまた、ゲシュタルト心理学派ではないがフッサールの影響を受けた実験現象学者のひとりだ。実験現象学では、他に、因果性の知覚を実験的に研究したことで知られるミショット★5や、『色彩の世界』で知られるカッツ★6のような大物がいるが、本章も十分長くなってしまったので、省略する。

★5：ミショット（A. Michotte 1881-1965）ベルギーの心理学者。その因果性の知覚実験については、第10章ブルーナーの節に簡単な説明が載っているので参照のこと。ゲシュタルト心理学のファイ現象の知覚実験に似ているが、「運動印象」よりもさらに高レベルの「因果性」が直接知覚される条件を明らかにしたところに意義がある。私はミショットのこの実験は、前章でも触れたヒュームの因果性否定論への反論の根拠となると考えている。

★6：カッツ（D. Katz 1884-1953）。代表作「色彩の世界」は未訳だが、村田純一 2000『色彩の哲学』（東京大学出版会）に紹介がある。また、次節で触れる『触覚の世界』は、実験現象学の方法を詳しく知ることのできる、日本語で読める唯一の本だろう。

5・7　認識論的解釈格子への現象学とゲシュタルト心理学の位置づけ

この辺で、認識論的解釈格子のなかでの現象学とゲシュタルト心理学の位置づけを試みよう。

まず、現象学はブレンターノの志向性、つまり「意味」の再発見に始まるのだから、第3章でいうスタンスの対立軸（法則的説明 vs. 意味理解）では、「意味理解」に属することは明らかに思える。次に、視点の対立軸に関してはどうかというと、これも、そもそも現象学は意味ある経験を考察の対象としているのだから、「自己への視点」をとっていることは確かだろう。

けれども、実験現象学とゲシュタルト心理学は、「実験」という方法をとるのである。にもかかわらず、認識論的解読格子では第3象限（自己への視点―意味理解）に位置付けられることになる。これは少し説明を要するだろう。

まず、この当時、実験的方法といっても、実験現象学とゲシュタルト心理学がもっぱら扱った知覚実験の領域では、現代の実験心理学のようには実験者（experimenter）と被験者（subject）★7が分化していなかったのだ。ゲシュタルト心理学の旗揚げとなったファイ現象の実験にしても、実験者はヴェルトハイマーであって、被験者はケーラーとコフカというありさまであり、お互い、被験者に成り代わって実験しあったのである。より後代の、より整備されたカッツの触覚の実験でも、被験者はせいぜいが3、4人であり、しかも同じ研究サークルに属する人々に限られていた。★8けっして、現代の実験心理学におけるような、（少なくともたてまえとしては）無作為に抽出された匿名の被験者、などというものではなかったのだ。

つまり、この時代の実験とは、

★7：「被験者」では倫理上問題が出るということで、「協力者」（participant）の語が、今世紀に入ってから使われているが、本書では歴史的事実として被験者で通すことにする。なお、この時代、いかにして実験者と被験者が分化したかについては、Danziger, K. 1991 *Constructing the subject: Historical origins of psychological research.* Cambridge University Press. に興味深い考察がある。

★8：おまけにカッツ自身、「自分が被験者になってみなければ実験結果を満足に解釈できない」（『触覚の世界――実験現象学の地平』東山篤規・岩切絹代（訳） 2003 新曜社 p. 92 原著 1925）といってしばしば真っ先に被験者を務めていた。

《ヴェルトハイマー》：「私にはこのように見える。きっと君たち（ケーラーとコフカ）にもそう見えるだろう。ホラ、見なさい」

といったようなノリの、自己観察の延長だったのだ。（むろん、これは想像上のいかにもありそうな科白であって、典拠があるわけではない。）

第2章で、スチーヴンスの操作主義6箇条のうち第3条が、「ある実験者と他の実験者がお互いに研究対象になり合う場合には、想定された第三の独立した実験者による観察であると、見なさなければならない。」であったことを、思い出して欲しい。今日の眼でみると、この第3条はなくもがなに見える。それだけ、1930年ごろまでは、お互いに成り代わっての実験が当たり前だったということを示すものだろう。けれども、それではいつまでたっても実験心理学は、自己観察の延長に終わってしまい、スチーヴンスの意図する「公共性ある科学」にはならない。観察は常に、他者についての観察でなければならないのだから。だからこそ、この第3条が必要とされたのである。

5・8 ゲシュタルト心理学における「測定実験」とは「意味上の連関の定量的解明」のことである

現象学が、実験的方法を取っても、自分自身の経験を対象としていることは、これで納得できたかもしれない。けれども、それでは、ヴントの実験的内観法と違わなくなってしまう。実験的方法をとる以上、測定と数量化はつきものだ。現に、ファイ現象の実験でも、現象が生じるための条件を見出すために、二つの光点の点滅の時間間隔を変化させつつ、つまり測定しつつ、実験が行われたではないか。これはまさに、ゲシュタルト心理学が、現象学という母体を離れて実験科学として成立する過程で、スタンスの対立軸での「法則的説明」の領域へと、移動していったことを物語るのではないだろうか。

これは難しい問題だ。じっさい、ゲシュタルト心理学者自身が、法則的説明を求めていたとみられるフシがある。代表的なのが、ケーラーの、心理‐生理‐物理同型説だ。[★9] それによると、直接知覚される心理的ゲシュタルトには、それと同型の脳生理学的事象としての生理的ゲシュタルトが対応する。そして脳生理学的ゲシュタルトとは、自然界に実在する物理的ゲシュタルトの一種なのである。

このような仮説を立てると、結局は認知科学と神経科学の大波にのみこまれてしまうことになる。事実、それがゲシュタルト心理学が現代心理学のなかでたどった運命だったのだ。[★10]

★9：『ゲシュタルト心理学入門』（田中良久・上村保子（訳）1971　東京大学出版会　原書 1969）

★10：ヴァイツゼッカー『ゲシュタルトクライス』（木村敏・濱中淑彦（訳）1974　みすず書房　原書 1951）からの評言も、付け加えておきたい。「ゲシュタルト心理学はゲシュタルトの『超加算的』性格をひとたび明確にとらえておきながら、生物学の研究原理としての説明ということを十分な徹底さでもって捨て去らなかった。そしてこの態度が、ケーラーの自然哲学においての心身並行論への逆行という報いを招いたように思われる」（p. 47）

けれども、私は、ゲシュタルトということを、たとえ見かけは測定実験の方法をとったとしても、あくまで「意味の連関」として理解すべきであると、かねがね思っている。

たとえば、図5―2は、ある心理学教科書に、「体制化の法則」という見出しの下に載っている図だ。きっと読者もこの図を見たことがあるに違いない。ここで、何が「法則」として理解されているかを、いちばん単純な「接近の要因」を例にとって説明しよう。記述的に表現すれば、この要因は、「近いも

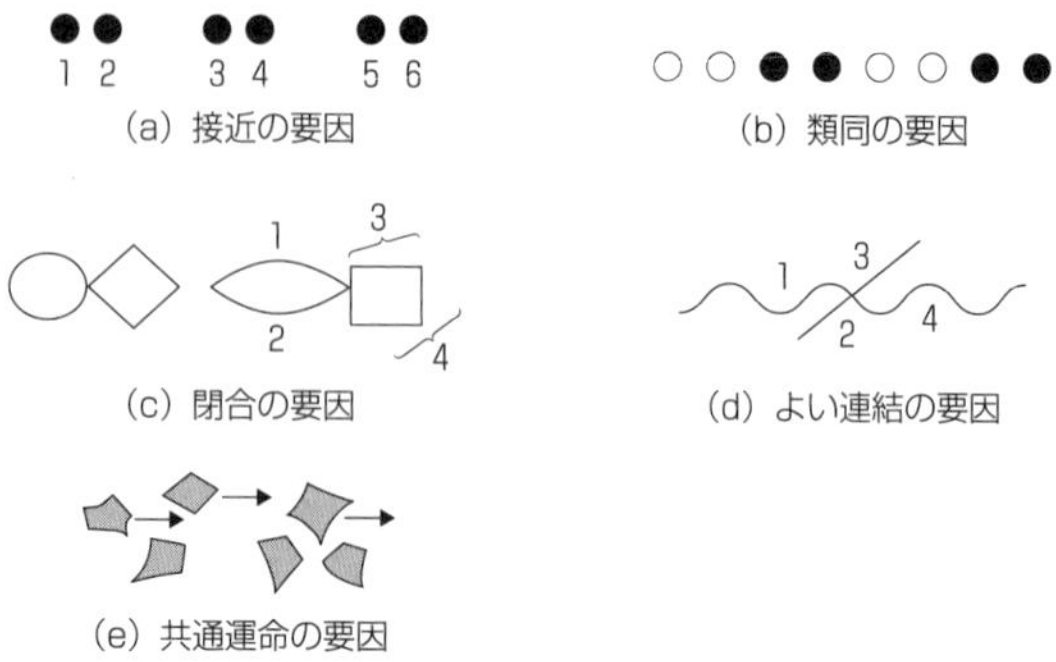

◆図 5—2　体制化の要因

（梅本尭夫・大山正　1992　『心理学史への招待』サイエンス社）

の同士はひとまとまりに見える」ということを言っているのである。

ここで、黒円1―2、3―4、5―6の間の距離をx、2―3、4―5という広い方の間隔距離をyとして、x/yの値をいろいろ変化させ、1―2、3―4、5―6が「まとまり」に見えるかそれとも、1、2、3、4、5、6が単なる一列の黒円に見えるかの境界条件を見い出すという、測定実験が成り立つだろう。たとえばx/y＝0.75あたりで、その境界条件が見出されたとする。するとここに、接近の要因に関するゲシュタルト法則が、精神物理学的法則と同じ意味での「法則」が、発見されたと思われるかもしれない。x/y＝0.75とは、客観的な物理学的な測定された事実であり、他方、「まとまって見える」とは知覚上の現象である。フェヒナーの法則などでいう、物理量と感覚量の間の関係と同様の関係を扱っているではないか、というわけだ。かくしてゲシュタルト心理学も、精神物理学や行動主義心理学と同じ、「科学的心理学」の資格を備えていることになる。

けれども、私は、このゲシュタルトの法則なるものを教科書で読んでいらい、なんとなく釈然としなかった。自然科学で言う法則とは異質のものを感じていたのだ。そもそも、「近いもの同士はまとまって見える」など当たり前すぎて、法則だの原理だのというもおこがましいではないか。それはたとえば、ニュートンがリンゴが枝から落ちるのを見て「すべてのリンゴを含めた重いものは地面に落ちる」と定式化して万有引力の法則と名づけたといった類いのものではないか。万有引力の法則が法則の名に値するのは、月や惑星の動きをも同じ法則で説明できたという、つまり当たり前でないことをも説明可能にした、というところにあるのではないか。

釈然としない思いは、『心理学的知覚論序説』★11（柿崎祐一　1991　培風館）という本を読んでいて、解決が与えられた。ゲシュタルト心理学の流れを汲む知覚実験において、「近い」とか「遠い」とは、主観的に「近く感じられる」「遠く感じられる」という、現象的距離感のことだったのだ。つまり、近接の要因に関していえば、「近いもの同士はまとまって知覚される」とは、物理的に近いもの同士ではなく、「主観的に近く知覚されるもの同士は主観的にまとまって知覚される」という意味だったのだ。

つまり、ゲシュタルトの原理とは、物理的客観的刺激と主観的知覚との間の関係について述べたものではなかった。主観的な二つの意味、「お互いに近い」という意味と「まとまり」という意味の間の、意味上の連関について述べたものだったのだ。そして、測定の結果得られた $x/y = 0.75$ という境界条件も、「近い」という意味が、「まとまり」という意味に転化する境界の条件のことだったのだ。

つまり、ゲシュタルト心理学における実験とは（実験現象学も同様だが）、たとえ自然科学や科学

★11：著者は私の大学院時代の指導教官だった人。

的心理学と同様の測定実験の衣をまとっていても、主観的経験世界における意味上の連関をより精密に定量的に解明するという、意味理解が目的だったのだ。★12

★12：客観的数値であるX／Yを変化させることで、まとまりの印象が生じたり生じなかったりする実験なのだから、やはり精神物理学的実験ではないか、と反論する人もいるに違いない。けれどもこの実験での観察対象はあくまでも、ａｂ2点間の「距離が遠い」→「距離が近い」→「まとまっている」という、意味上の変化なのである。「距離が近いからまとまってみえる」という因果は錯覚に過ぎない。距離もまとまりも主観的印象である以上、「まとまってみえるから距離も近く見える」という逆因果の言い方も成り立つのだから。前者の因果の方がもっともらしく思えるのは、「距離」の方が「まとまり」にくらべて操作しやすく、科学的に「実在する」と思われがちなことから来る錯覚であろう。「距離」が実在するなら同じ程度に「まとまり」も実在する。「距離」という概念を持たず、「まとまり」という概念だけをもつ知的生物が宇宙のどこかに生息しているとして、かれらもまた（位相幾何学を土台として？）精緻な物理学を営むことができると、私は考える。

ゲシュタルト心理学の意義は、経験される世界が意味の連関からなることを、この連関を精密に（場合によっては定量的に）解明するための方法を工夫しつつ、明らかにしたところにある。ところがゲシュタルト心理学者自身が、自らの方法論的意義を見誤って、心理的ゲシュタルトを生理的ゲシュタルトで説明しようとしたり、さらには後代になると、図5―2における「よい連続」や「よきゲシュタルト」の「よい」ということの意味を、情報量の多寡によって説明しようとしたり、要するに「意味」を「意味でないもの」によって説明する方へと走り、認知科学・神経科学の大波の中に雲散霧氷してしまった。これを称して、本書で何度か引き合いに出してきた心理学史家の高橋（1998）は、流産したゲシュタルト革命、と言うのである。

5・9　現象学とゲシュタルト心理学の「対象」は「体験」である

前章図4―1では、認識論的解読格子の第一と第4象限に「行動」と「意識」という名前をつけたが、それに続けて図5―3では、第3象限を「体験」と名づけよう。これが、現象学とゲシュタルト心理学の「研究対象」にあたるわけだ（象限名にはそれぞれ英訳を付けておいた）。そして、前章から引き続く考察にもとづいて、3象限にそれぞれ、代表的な心理学とその認識論の潮流を配しよう。

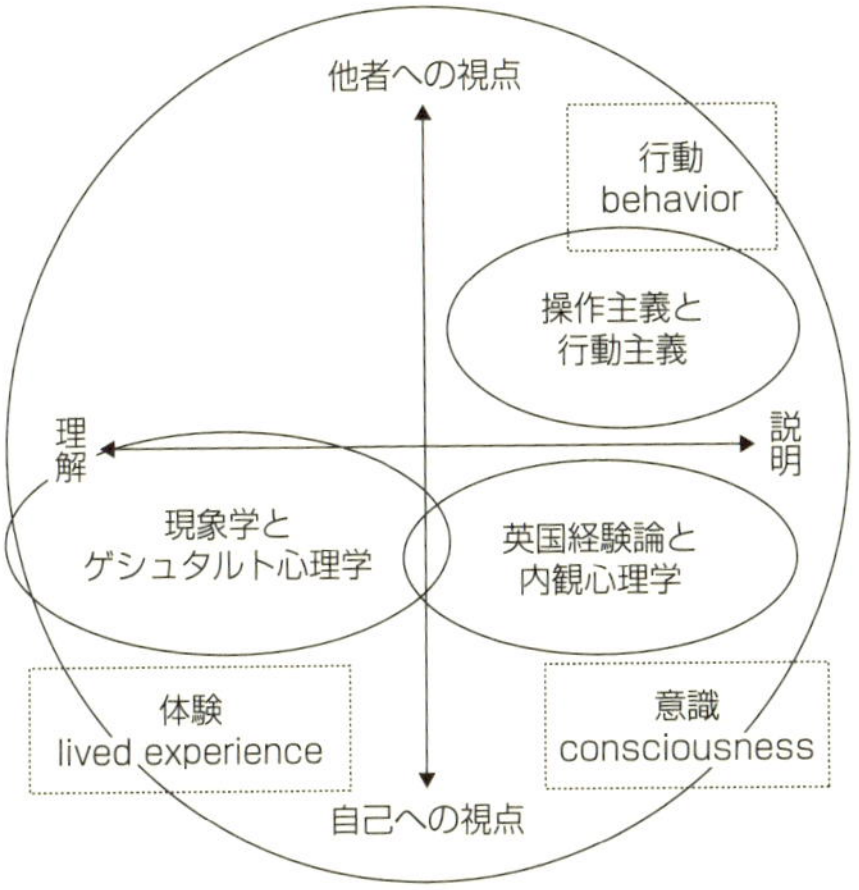

◆図5―3

ここで、フッサールになじみのある人ならば、フッサールは現象学の対象を「意識」と呼んだではないかと、抗議したくなるかもしれない。確かにそうである。けれでも、それでは第4象限と区別できなくなるし、そもそもフッサール自身が、現象学の対象を「体験」（Erlebnis）という別な名でも呼んでいるのだ。

この辺りの考察と英訳（lived experience）については、アメリカの現存する指導的な現象学者レスター・エンブリーの著書が参考になった★13。それによると、現象学の対象は、フッサールが Erlebnis（体験）と呼んだところのものである。この語に対応する語は英語にはない。これを experience と訳すと、価値や意志の要素がはく奪されてしまう。といって、フランス語での訳であるexperience vécu（生きられる経験）を直訳してlived experience（生きられる経験）と英訳すると、今度は何が「生きられていない」経験なのかという問題が出る。だから、living experience（生きいきした経験）がベターであり、もっと良いのはencounter（出会い）と訳すことである、という。私は、「生きられていない経験」とは、まさに連合主義心理学が対象とした「意識」のことであると考えられるから、lived experienceを「体験（Erlebnis）」の英訳として使うのは問題がない、と考える。★14

★13：Embrée, L. 2012 *Can the doing of phenomenology be learned?* URL for online free e-book: http://app6.website/onight.com/projects2/5/4/2/4/2834245/uploads/Doing-phenomenology-1.pdf

★14："lived experience"の語を現象学の対象として用いる用法は、すでに広くなされているようである（たとえば、D. Langdridge 2007 *Phenomenological psychology: Theory, research and method.* Pearon/Prentice Hall. p.1）。なお、蛇足になるが、認識論的解読格子の海外輸出の試みであったWatanabe 2010 Metascientific foundations for pluralism in psychology. *New Ideas in Psychology.* 28. 253-262. で、「体験」を〝experience〟と英訳してしまったのは失敗だったと今にして思っている。

5・10　フッサールの現象学に一言

本章も長くなりすぎた。今日、現象学の創始者とみなされているフッサールについて一言して、章を終えるとしよう。

フッサールの現象学を特徴づけるのは、現象学的還元という方法論的アイデアだ。還元とは、先入見に基づく知識つまり「思い込み」をいったん棚上げして括弧に入れ、確実な知識のみに基づいて思い込みを改めて根拠づける、という方法のことである。思い込みのことをギリシャ語を使って哲学では「ドクサ」と言っている。

この、ドクサを棚上げし括弧入れする方法のことを、フッサールはエポケー（epoché）と呼ぶ。判断停止と訳される。判断停止《エポケー》を受けるべき最大のドクサは、図X—1のマッハの自画像に描かれたような主観的に直接経験できる知覚的世界とは独立して、世界が客観的に存在するという信念だ。フッサールはこれを、客観主義の信念、あるいは世界信憑と呼んでいる。また、私たちは、日常、このような客観主義の信念を、「信念」であるとさえ気づかずに自明なものとして生きているが、そのような日常的な態度のことを、「自然的態度」と呼んでいる。

世界信憑を、直接経験できる主観的世界（フッサールの用語では「意識現象の領野」）から出発してその確からしさを吟味するには、どうしたらよいだろうか。一つの方法は、客観的に存在すると信じられている対象に向かう場合と、架空の対象に向かう場合とでの、意識現象の構造的な違いを明らかにすることだ。この方法をフッサールは、本質直観または本質観取と呼んだ。たとえば、目の前の茶色い花瓶は、前面しか知覚されていないが（つまり前面しか意識経験の世界に現われていないが）、直接知覚されていない裏面や底面が存在することを、私は信じている。つまり花瓶が客観的に存在することを私は確信している。これと対照的に、「白雪姫」は、客観的に存在しない架空の存在であることを、私は知っている。そこで、花瓶の裏側を志向する意識の構造と、白雪姫を志向する意識の構造とを比較し、後者にはない意識構造が前者に見いだされ、それが「見えない裏面が存在する」ことの意味に寄与していることがわかれば、それが、「客観的に存在する」という信念を根拠づけることになるだろう。このような構想の下に、フッサールは意識現象の構造について驚嘆すべき詳細な分析記述を残している。

フッサールの現象学の方法は、近代科学の「客観的」方法と対極をなすものといってよい。「間奏曲」の章の図X―2を見てほしい。科学では左側の図、上空飛行的な視点で見られた世界から出発する。科学の方法は、自然界を説明するにあたって、この上ない強力な武器となった。ところが、左側のような世界モデルから出発して心の世界、右側の世界を説明しようという段になり、図に示したように「心身問題」に突き当たってしまった。

これに対してフッサール現象学では、右側の「主観的世界」から出発して、「客観的世界」を理解しようとする。このプロセスをフッサールは客観的世界の構成などと呼んだものだから、主観的観念論だの独我論だのと言う嫌疑を招いた。これはフッサールの本意ではなかったに違いない。単に、「客観的に存在する」ということの意味を、主観の構造の側から明確にしようとしただけなのだから。★15

★15：「構成」は、フッサール独自の分かりにくい用語だが、竹田青嗣はこれを、意識において「『世界』についてのさまざまな『確信』が成立すること」（『完全解読フッサール「現象学の理念」』2012　講談社　p. 242）として明快に説明している。

晩年になってフッサールは、花瓶の裏側のような物的世界とは異なる、他者の存在についての信念をどのように根拠づけるかという、「間主観性の構成」という問題に取り組むようになった。先ほどの図X―1に戻るならば、右側のマッハ的世界から出発して左側の上空飛行的世界に到達するためには、単に物的世界としての客観的世界の存在についての信念を解明するだけでは足りないことに気付いたのだ。マッハ的世界に出現した「他者たち」の一人一人が、別のマッハ的世界のそれぞれ中心に位置しているという信念、つまり他者もまた主観であり、私と他者との関係は主観と客観の関係ではなく主観と主観との間の「間主観的な」関係であるという信念をも、解明しなければならない。

これが、他者問題である。フッサールの現象学的還元という方法が、期せずして他者問題を哲学史上の最難問としてあぶりだしたと言ってよい。そして、事実、フッサールはこの、「間主観性の構成」の問題に、成功しているとは言えない。これについては、付章でくわしく述べたい。

第6章

質的心理学認識論の源流（2）——解釈学と精神分析

6・1　表と裏の関係にある現象学と解釈学

フッサールとその直系の現象学が間主観性問題へモタモタと取り組んでいるうちに（付章参照）、質的心理学の認識論は、ディルタイ、ハイデガーをへてガダマーらの解釈学の潮流へと引き渡されていった。この解釈学こそ、近年の質的心理学の復興にあたって、現象学よりもはるかに大きな役割をはたし、質的心理学認識論の本流となるのである。本章ではこの解釈学が、19世紀に誕生して20世紀前半にドイツにおいて大きな流れになるまでの期間を扱い、解釈学的な質的心理学の原型としての精神分析にも触れる。

この期間は、前章の、現象学・ゲシュタルト心理学の発展と、ほぼ並行している。そう。解釈学と現象学は、同時代に生まれて成長した双生児なのだ。時間的に同じというだけではない。現象学と解釈学とは、同じ対象、つまり「意味」という現象への、表側からと裏側からのアプローチという関係にあるのだから。

前章の冒頭、先史時代の洞窟壁画を探検隊が発見する場面をふりかえろう。

> 探検隊は、単なる物理現象ではない「心的現象」（心理現象）に遭遇したわけである。洞窟の壁の赤い模様という「現象」を、洞窟の住人達は現実の狩猟の風景として眺め、現代の探検隊員も太古の狩猟として理解した。この、「AをBとして」経験するという関係が、現象（A）の対象（B）への「指示関係」ということだ。

ここで、「指示関係」つまり「意味」もしくは「志向性」を、裏側、というか反対側から見る可能性があることに気付かないだろうか。

探検隊員が壁の赤い模様を「野牛」として理解する。これは、探検隊員という観察主体の「自己への視点」に立った理解である。しかし、探検隊員はまた赤い模様を、太古の芸術家の作品として、表現行為の産物としても、理解するだろう。探検隊員は太古の芸術家という「他者」へ視点を向け、彼もしくは彼女の表現行為の意味を理解し、解釈しようとするのである。「狩猟の記念という意味があるかもしれない」「いや、狩りがうまくいきますようにという、呪術的な意味を込めたのかもしれない」等などと。

つまり、同じ意味ある現象でも、それを観察主体である自分自身の「体験」として研究することもできれば、他者による「表現行為」として、他者理解のための研究材料にすることもできるわけだ。前者の視点をとると現象学になり、後者の視点をとると解釈学になるのである。前章の認識論的解読格子の、残された第2象限（他者への視点―理解）を何と名付けるかは、すでに答えられている。「表現」がそれだ（図6―1）。もっとも、これだけでは表現行為の産物だけに対象が限定されてしまうので、「表現・意味ある行為」とした方がよいかもしれない。これが、解釈学の「研究対象」ということになる。

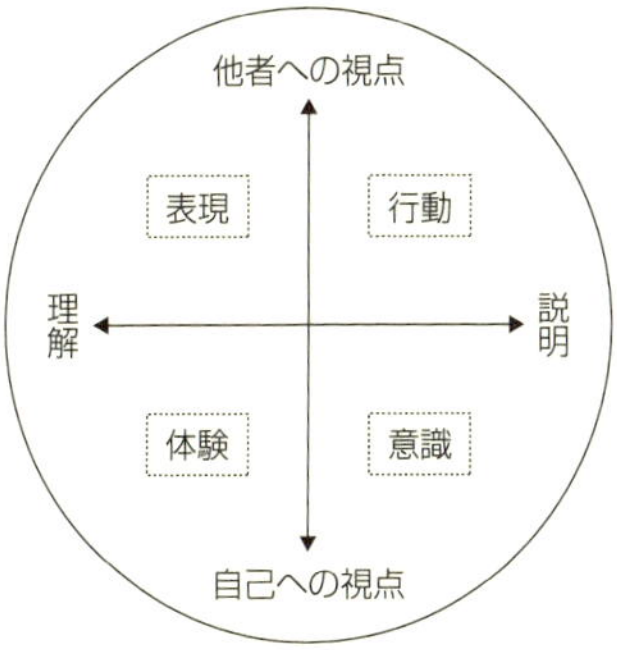

◆図６―１

6・2 解釈学とはなにか

解釈学のことを、英独仏語など西欧諸国語では、伝統的にhermeneuticsという（英語ではハーメニューティクスと発音する）。元々、聖書の語句を解釈して神の意図を明らかにする学問のことであって、古くから存在したが、近代的な解釈学は、19世紀ドイツの古典文献学者シュライアーマッハー★1に始まっている。彼の名はとりわけ、解釈学的循環というアイデアに結び付いて知られている。ある文献の全体の意味が分からなければ、その一部である個々の語句の解釈はできない。ところが個々の語句の意味が分からなければ全体の意味も解釈できない。悪循環のようだが、考えてみれば、そもそも解釈とは、循環的にしか進まないのである。

★1：F. E. D. Schleiermacher 1768-1834「近代神学の父」と称される神学者であるが、ロマン派運動に参加し、聖書研究と共にプラトンの翻訳にも力を注ぎ、近代文献学における解釈学的方法の祖となった。やや古い文献では、シュラエルーマッハーという表記で出てくるので注意。

解釈学的循環の概念は、その後、ディルタイ、ハイデガー、ガダマーらによる解釈学の発展の中で洗練され、人間の、世界と自己についての理解のあり方一般にまで拡張された。狭義の解釈だけでなく、私たちの認識一般が循環的にしか進行しない以上、この概念は、「認識論的循環」にまで拡げられるべきだろう（認識論的循環については、第10章10・4節参照）。

解釈学の流れの中で、人間科学論の壮大な構想を打ち出したのが、ヴントと同時期に活動したディルタイ（W. Dilthey 1833-1910）であった。

6・3　ディルタイと精神科学の構想

19世紀の半ば、科学の勝利が疑いようのないものに見えてきた時代、フランスのコント[★2]とすでに第4章で紹介したイギリスのJ・S・ミルは、それぞれ、物理学を土台として人間と社会についての科学にまで及ぶ、諸科学のヒエラルキー体系を構想した。彼らの体系の特徴は、いまだ形をなしていない人間科学もまた、自然科学と同一の方法によって建設されるものとしたことだった。これは、19世紀当時の科学思想に支配的だった実証主義の特徴であるが、これは、20世紀には、論理実証主義の統一科学運動として受け継がれることになる。

★2：オーギュスト・コント（August Compt 1789–1864）は、フランスの哲学者で実証主義を唱えた。社会学という学問を提唱し、社会学の祖となった。

この実証主義の流れに対して、人間科学の自然科学に対する方法論的独立性を唱える学派が、19世紀の末にドイツを中心として勃興した。この流れは、「実証主義に対する歴史学派の反撃」とよばれている。そこで自然科学とは別個の人間科学の代表として考察の対象となったのが、歴史学だったのだ。

たとえば、新カント学派の哲学者ヴィンデルバンド（W. Windelbandt 1845–1912）は、自然科学の方法を「法則定立的」として特徴付け、歴史学の方法を「個性記述的」と名付けた[★3]。個性記述的方法は、心理学にもオールポート[★4]によって導入され、人格心理学の領域で主張された。また、同じ新カント学派の哲学者リッケルトや（H. Rickert 1863–1936）、社会学者のマックス・ウェーバー（Max Weber 1864–1920）は、自然科学に対して方法的独自性を擁する領域としての文化科学という名称を主張した。それら「歴史学派」の中でも、今日にいたるまで、自然科学的方法による統一科学か人間科学の方法的独自性かという、「人間科学の方法論争」の展開に影響を与え続けている最大のものが、ディルタイの精神科学の構想だった。

★3：法則定立的（nomothetic）と個性記述的（idiographic）。ヴィンデルバンドは、自然科学の特徴は、あらゆる事象を支配している普遍的法則の発見にあるとして、法則定立的と呼び、対して歴史学は、状況に規定された個性的な一回限りの存在を記述するとして、個性記述的と称した。

★4：Goldon Alport（1897-1969）アメリカの心理学者。個性記述的方法については、『パーソナリティ――心理学的解釈』詫摩武俊（他訳）1982 新曜社（Allport, G. W. 1937 *Personality: A psychological Interpretations.* Henry Holt and Company.）を参照のこと。

「我々は自然を説明し、心的生を理解する」という、『記述的分析的心理学』（巻末ブックガイド参照）の有名なテーゼに集約されているように、ディルタイこそは、「自然科学の方法＝説明」に対して、歴史学に代表される人間科学（ディルタイの用語では精神科学 Geisteswissenshaft）の方法は「理解」（了解）であって「説明」には還元され得ないとして、今日にまで影響を与える人間科学方法論争の幕を切って落とした人であった。★5

★5：「理解」のドイツ語原語は Verstehen、「説明」は Erklaren であり、英語ではそれぞれ、understanding, explanation となる。日本の哲学界では Verstehen には伝統的に「了解」の訳語が充てられてきた一方、マックス・ヴェーバーの「理解社会学」のように、社会科学系では理解の訳語が用いられるなど一定しない。本書では、『ディルタイ全集』（法政大学出版局 2003-2008）の訳語にしたがい、「理解」で統一した。

6・4 「説明」と「理解」の違いを理解し説明することはできるか？

ところで「説明」と「理解」の対比は、本書でも認識論的解読格子を作るにあたって、「スタンスの対立軸」として前提したのだった。けれども，両者の違いを十分に「理解」してひとに「説明」するのは，けっしてやさしいことではない。

たとえば「彼女は教室の窓を開けた」という行為を目撃し，「彼女は暑いので風を入れるため教室の窓を開けたのだろう」と考える。これは「説明」だろうか「理解」だろうか。

まず，「ため」という理由ないし目的のカテゴリーが使われているし，「窓を開ける」行為も偶然の身体運動でなく意味ある行為として知覚され，全体として意味ある連関を作り上げているので，「理解」であることは疑えないように思える。

ところが，一方で，「暑いので風を入れるために」という理由や目的もまた，「窓をあける」行為の「原因」であって，説明の形式としては因果関係による説明となんら違いがない，という説もある。現代の英米系哲学を代表するデヴィットソン（Donald Davidson 1917-2003）なども，このような立場を擁護しているし，結局，「理解」を「説明」に還元して一本化できるかできないかの論争には，哲学でも決着がついていないらしいのだ。★6

★6：ちなみに，「彼女は暑いので風を入れるため教室の窓を開けた」というタイプの行為の説明を，習慣性と個別的因果性に基づく一種の説明（合理的説明）と見なす立場が，英米分析哲学では発展してきている。第10章の10・5節を参照のこと。

ディルタイに戻るならば，彼のいう理解（了解）とは，「理解とは汝のうちに自己を再発見することである」という『記述的分析的心理学』での言葉から覗えるように，理解の源泉は「体験」なのである。自分自身の体験の中に見出された「心的構造連関」を，他者へと「転移」することで理解が成立するとされているのである。

ディルタイ独自のこの「理解」を、例に戻ってあらためて考えてみよう。

まず、「彼女は暑いので風を入れるため窓を開けたのだろう」という理解の源泉は、「私は暑いので風を入れるために窓を開けた」ことの「体験」にある。この体験は「心的構造連関」をなしている。教室の中にいるという認知、教室にふさわしい態度への構え、暑いという感覚、涼しさを求める衝動、窓を開けるか出て行くか等の複数動機の比較・検討・決断などなど。この構造連関は「膝を叩かれて足がピクンと上がった」といった膝蓋腱反射のばあいのような機械的な「因果連関」でなく、「目的連関」である。前者のばあいのような、前項が必然的に後項をもたらすという関係は、後者にはないのだから。

他者の行為や言葉であれ芸術作品や歴史文献であれ、さらには道徳や法制度や習慣であれ、精神科学の方法としての理解の対象は「表現」である。そして、ディルタイにとっての理解とは、いま述べたように、自分自身の体験の中に見出された「心的構造連関」を、他者へと「転移」することであった。別の言い方をすれば、他者の表現に感情移入してその背後の体験を解明することであった。

ここで、感情移入とは、同時代の美学者で心理学者のテオドール・リップス（Theodore Lipps 1849–1912）の重要な用語である。（付章で詳しく紹介するが）リップスの他者認識の説によると、私たちは他人の表情や運動を見ると、無意識的な模倣を起こす。すると、模倣された表情がたとえば微笑みなら、それに伴って楽しい感情が起こる。この自分の感情を他者の表情に移入することで、相手が「楽しくて微笑んでいる」ということが認識されるという。つまり、私たちはいかにして他者の不可視の内面を認識するかという、他者認識の問題に、いわば心理学的な説明を与えているわけである。

このような、ディルタイが「理解」に与えた感情移入と言う心理学的な原理は、後に批判を招くことになる。主要な問題点には二つあった。

第一の問題点として、無意識は感情移入で理解できるか、ということがあった

6・5　精神分析の登場――無意識は感情移入で理解できるか

行為といい表現といっても、その意味は、感情移入でたやすく理解できるものではない。その代表が、ヒステリーの症状や夢といった「表現」の「意味」であり、これは、ディルタイの精神科学の構想に踝を接するようにして出現した、フロイトの精神分析によって探求されることになる。

たとえば、フロイトの先輩であるブロイアー医師が催眠療法によって治療した「症例アンナ」には、ヒステリーの症状の一つとして右腕の麻痺と知覚脱失があった。ブロイアーは催眠誘導によって、1年前の、死病に臥せっていた父親を看病していた辛い時期に、彼女を「退行」させてみた。すると、ベッドの傍の椅子でウトウトしていたところ、病室の窓から黒いヘビがスルスルと入り込み、ベッドに近づいた情景が甦ってきた。その時アンナは立ち上がってヘビを追い払おうとした。ところが、椅子の背もたれに右腕を挟んでウトウトしていたため、腕は痺れて役に立たなかった。彼女は全く忘れていたこの場面を思い出して恐怖に身を震わせ叫んだが、それにともない右腕麻痺の症状は、きれいに治ってしまった（ブロイアー・フロイト（共著）『ヒステリー研究〈初版〉』金関猛（訳）2012　中央公論社（原著 1895）参照）。

ブロイアーとフロイトは、この症例を、抑圧され無意識下に閉じ込められた体験はエネルギーを鬱

積させ、やがて身体症状となって象徴的に表現される、というメカニズムによって説明した。だから身体症状の隠された意味を無意識に求めなければならない（アンナの症状では、「わたしは腕が麻痺していたのでヘビを追い払えなかった」という合理化が、その意味となる）。これが、精神分析の誕生につながる。この例のように、精神病理学的な行動や、夢、さらには日常生活の中のなにげない言い違い、物忘れといった現象にさえ、隠ぺいされた「無意識的意味」がある。ただし、無意識に到達するのには単なる感情移入は無力であって、精神分析という暗号解読の解釈技法が必要になるのである。

これが、フロイトの弟子から出発してのちに独立の学派を立てたユング（C. G. Jung 1875-1963）になると、暗号解読の対象は個人心理の水準にはとどまらない。世界各地に残る、誕生、成人式、葬儀、季節の祭りといった古来の儀礼や祭式の象徴的意味を独自の深層心理学によって解読してみせ、人類学、宗教学、神話学など人文科学に広範な影響を及ぼしたのだった。ちなみに哲学者ディルタイには、シュプランガーという心理学者の門人がいて、師の方法に忠実に「理解心理学」（従来の訳では「了解心理学」）を展開したが、★7 精神分析に押されたものか振るわなかったのも、ディルタイ的理解の限界を示唆するかもしれない。

★7：日本ではシュプランガーは、『青年の心理』（土井竹治（訳）1973 五月書房（Spranger, E. 1924/1953 *Psychologie des Jugendalters. 19 Aufl.* Heidelberg: Quelle & Meyer Verlag.）の著者としてのみ知られているようである。

6・6 意味とは個人心理ではなく社会的歴史的なものである——解釈学の展開

表現を感情移入によって他者の体験に遡るのが理解である、というディルタイ的理解の原理に対する、第二のより重要な問題点は、言語を始め道徳習慣法律などの「表現」の多くは、社会的歴史的なものであって、感情移入して個々の他者の体験に到達するというわけにはいかないし、そもそも意味理解に感情移入は一般に不要である、という点にあった。

たとえば、「お花見の季節になりました」という文章を目にしたとする。日本人なら誰でも、この表現の意味を理解するだろう。表現、とりわけ記号表現の意味を理解するのに、いちいち表現を発した当人の体験に遡る必要はない。感情移入が働くのはむしろ、秋なのに友人が「お花見の季節になりました」と書いてきて、「この人はいったいどうしてこんなことを言ってきたのだろう」とあれこれ推測するという場合のように、あるいはフランスの彫刻家マルセル・デュシャン（Marcel Duchamp 1887–1968）がただの便器を美術展に展覧したという場合のように、伝統や慣習を逸脱した例外的な状況に限られるのだ。

つまり、私たちは感情移入のような能動的な心理学的作用によって「意味」を理解するのではなく、すでに意味の世界の真っただ中に生れ落ちるのである。ディルタイの後、解釈学は、ハイデガーやガダマーの手でこのような、社会的に、つまり歴史的伝統的慣習的にあらかじめ構成済みの意味世界のなかの人間のあり方を解明する方向へと、展開していく。

6・7　ハイデガー（1）――先行‐理解ということ

ハイデガー（M. Heidegger 1889–1976）は元々、フライブルク大学でフッサールの助手を務めていた。フッサール現象学の後継者という期待を一時は担っていたらしい。けれども、1927年に『存在と時間』（巻末ブックガイド参照）を発表するや、38歳の若さで20世紀最大の哲学者という賞賛を浴びるようになり、逆にフッサールの方が時代遅れとみなされるようになってしまったという。

一方のガダマー（T. Gadamer 1900-2002）はハイデガーのかなり忠実な弟子だが、師と異なり大器晩成型で、主著『真理と方法』（巻末ブックガイド参照）を出したのは60歳になってからである。この本が出た1960年とその前後という時期は、のちに取り上げるクーンの『科学革命の構造』が出た時期とほぼ同時である。したがってガダマーはすでに質的認識論の歴史というより現代に属するので、第8章で取り上げることにして、本章ではハイデガーを中心に述べる。

といっても、『存在と時間』は、哲学研究者の間でさえ読み通すだけでも困難、という大著なので、私などが簡単にここで、初学者にもわかりやすく解説できるシロモノではない。そこで、本章の今までの流れにそって、ハイデガーが質的心理学の発展にもっとも貢献したのは何かというと、その一つが「先行‐理解」というアイデアであると答えておき、その説明を中心にしたい。★8

★8：先行‐理解（Vor-verstehen）には、ハイデガーの訳では「前‐了解」の訳語が使われてきたが、ここでは、科学認識論としての解釈学の分野で用いられる、「先行‐理解」の訳を採用した。

前節で述べたことをくりかえすと、私たちはすでに、歴史的慣習的伝統的に構成済みの意味の世界のただなかに、生れ落ちるのである。それら意味の世界は、意図的に学習される場合でも、すでにあらかじめ先行する、決して明示化されない、理解以前の理解に基づいてしか、理解され解釈されることはない。先行‐理解がどれほど根源的であるかを、前章、フッサール現象学を説明するのに引き合いに出したテーブルの上の花瓶の例で示してみよう。

フッサール現象学では、「目の前の茶色い花瓶は、前面しか知覚されていないが、直接知覚されていない裏面が存在することを、私は信じている。つまり花瓶は客観的に存在する」という考察から、「客観的に存在する」ということの根拠づけへと進むのだった（前章 p. 72-73）。けれどもハイデガーに言わせれば、このような考察自体が、ものを「目の前存在」化する、特殊な態度に基づいたものだという。花瓶は、まず、「その中に花を活ける」ことができるという道具であり、突然暴漢が侵入してきた場合、「それを投げつける」「盾にして身を護る」こともできる道具である。道具とは「手元存在」というあり方（存在様態）をしていて、特殊な理論的観照的態度によって「目の前存在」という存在のあり方がそこから派生するのである。世界の事物は、「……するためのモノ」という「道具連関」をなしている。もちろん、花を活ける習慣のない文化圏から来た人なら花瓶を水瓶と見るだろうから、道具連関は歴史的に構成されているのである。これが、世界における最も根源的な先行‐理解の源となる。

ハイデガーはまた、「意識する自我が花瓶を知覚して客観的実在として認識する」などといった、伝統的西洋的な認識論の用語法を使わない。代わりに、「現存在が花瓶という道具を気遣う」といった言い方を好む。

ここで、現存在とは、ドイツ語の〝Dasein〟の訳である。〝Da〟とは「いま、ここに」といった意味で、〝Sein〟は「存在する」という動詞の不定法を名詞化したものだ。だから、「いまここに居ること」と訳せばよりわかりやすいだろう。誰がいまここに居るのかといえば、自分自身が、である。確かに、「いま、ここに居る」というのは、自分ということの根源的な「先行‐理解」としては、説得力がある。それに比べれば、「意識する自我」だの「認識」だのという概念は、「目の前存在」という派生的なあり方に対応して作り上げられた派生的な概念に過ぎないわけだ。

したがってまた、「手元存在」に対する根源的なかかわりとしては、「認識」ではなく「この花瓶に何を活けようかな」といった「気遣い」ということになる。ちなみに「気遣い」のドイツ語は〝Sorge〟だが、『存在と時間』が英訳されたときには〝care〟となった。ハイデガーの哲学をもとにして、1970年代以降、英語圏・北欧で看護・福祉学、つまり「ケアリングの科学」における質的研究の方法論である解釈学的現象学的アプローチが発展するが、そのきっかけの一つは、このcareという英訳にあったと想像できる。★9

★9：英米・スカンジナヴィア諸国での〝ケアリングの科学〟へのハイデガーの影響は、プロローグ冒頭で紹介したドレイファスの、ハイデガー注解書の役割が大きいとされる。

6・8 ハイデガー（2）——時間性・不安・死への存在・共同存在

今、ここに居ること（現存在）の存在のあり方の分析を、ハイデガーは「実存論的分析」と難しく言う。実存論的分析で基本的なのは、時間性、つまり時間的あり方についての分析だ。ハイデガーは過去や現在よりも未来を重視する。現存在は常に、未来に向かって何事かを企てるというあり方でしか存在できないからだ。この、未来への投企というあり方を、現存在の企投性という。ただし、現存在の投企は、ゼロから始めるわけにはいかない。よく、「親は選べない」といわれるように、私たちはいやおうなく組み込まれた特定の状況から出発してしか、投企できない。この、特定の状況にすでに投げ込まれているあり方を、現存在の被投性という。

投企には、このように出発点からして制約があるだけでなく、未来に向かっても無限に投企できるわけではない。私たちはいつか死ななければならないからだ。現存在が未来へ向かうあり方をするということは、死へ向かうあり方をしているということでもある。私たちは日常、それを意識しないが、暗黙のうちに知っているのである。だから、現存在の最も基本的な「気分」は「不安」ということになる。不安を逃れるために、私たちは「気晴らし」に熱中する。そして、日々の気晴らしのなかで、私たちは「誰でもないヒト一般の一例」へと自分自身をみうしなってしまう。★10 自分自身の死が明日にも迫っているかもしれないのに、「日本人の平均寿命まであと二〇年あるから大丈夫」というように、「誰でもない日本人一般の一例」になってしまえば、考えなくてすむわけだ

★10：「誰でもないヒト一般の一例」と意訳したのは、〝das Man〟のことである。もともと〝man〟（ひと）というドイツ語は（英語でも同様だが）、「ひとは……という」といった漠然とした三人称不定代名詞として用いるのだが、ハイデガーはこれを大文字化して中性定冠詞の das を付け、匿名の群集の一例と化している現存在のあり方を表現させたのだった。「世人」という訳もある。

このようなヒト一般の一例へと自己をみうしなうことを、「頽落」という。このような頽落した「非本来的な」あり方を脱して「本来的」自己を取り戻すにはどうしたらよいか。それが、死に先駆的に思いをはせることである。これを先駆的覚悟性という。ハイデガーの哲学が死の哲学といわれるゆえんだろう。

時間性の分析が精緻なのと対照的に、ハイデガーには晩年のフッサールのように他者の問題と格闘した跡がみられない。実存論的分析では、現存在は「共同存在」であって、現存在の存在構造のなか

にすでに構造的に他者が組み込まれている、という理論構成になっている。現存在は自己についての理解と解釈とを、世界の道具連関を先行‐理解としてくみ出すが、道具はすでに、私自身ではない製作者や使用者という他者の存在を、先行‐理解として含んでいるからだ。このような、自己理解のなかにすでに他者理解が前提条件として含まれているというタイプの理論構成は、現代の、自己理解・他者理解の発達心理学にとってもなじみ深いところだろう。私はこのような理論構成はそれこそ理論的に破綻していると考えるが、ここではあつかわない（拙著『フッサール心理学宣言』（巻末ブックガイド（付章）参照）でいくつかヒントを述べておいた）。

以上のように、『存在と時間』のアウトラインを見る限り、ハイデガーにとっての考察のおもな対象は「体験」であり、したがって解釈学的現象学であっても解釈学とはいえないのではないか、という疑問が湧くかもしれない。じっさい、経験科学へのハイデガーの直接の影響は、精神医学者のビンスヴァンガー（L. Binswanger 1881-1966）が、精神分析的な「解釈」を不満とし、患者を患者自身の「自己への視点」から、その体験世界を理解する方法として実存論的分析を取り入れたところに、まず認められた。これは、精神分析とハイデガーの現象学の統合として、現存在分析と呼ばれ、現在にまでいたる現象学的精神医学の流れを形成するが★11、現代の質的研究とさして交流があったわけではない。ハイデガーの解釈学的現象学を土台とし、前項で触れたように看護学福祉学における質的研究の技法としての解釈的現象学的分析が登場するのは１９８０年代に入ってからである。それはすでに、解釈学的転回によって英米系の科学哲学と大陸系の現象学や解釈学との相互交流が進み、社会学や人類学など人間諸科学における質的研究のルネッサンスを迎えていた時代であった

★11：タトシアン・A『精神病の現象学』小川豊昭・山中哲夫（訳）1998 みすず書房（原著1979）参照のこと。

6・9　質的研究リヴァイバルへの展開——脱獄か、壁自体の破壊か

ガダマーの『真理と方法』の出版の時期（1960）あたりから、質的心理学の認識論は現代へと突入する。この本と前後して、ハンソンの観察の理論負荷性の説が現れ（1958）、さらにクーンのパラダイム論が出るなどして（1962）、英語圏でも科学哲学における論理実証主義の覇権が終わるからである。それが次章のテーマになる。本章を閉じるにあたって、第4章からの成果を踏まえて、認識論的解読格子の各象限に20世紀中盤ごろまでの代表的な心理学の潮流を記入し、この解読格子から現代の質的研究の展開の方向性を整理してみよう。

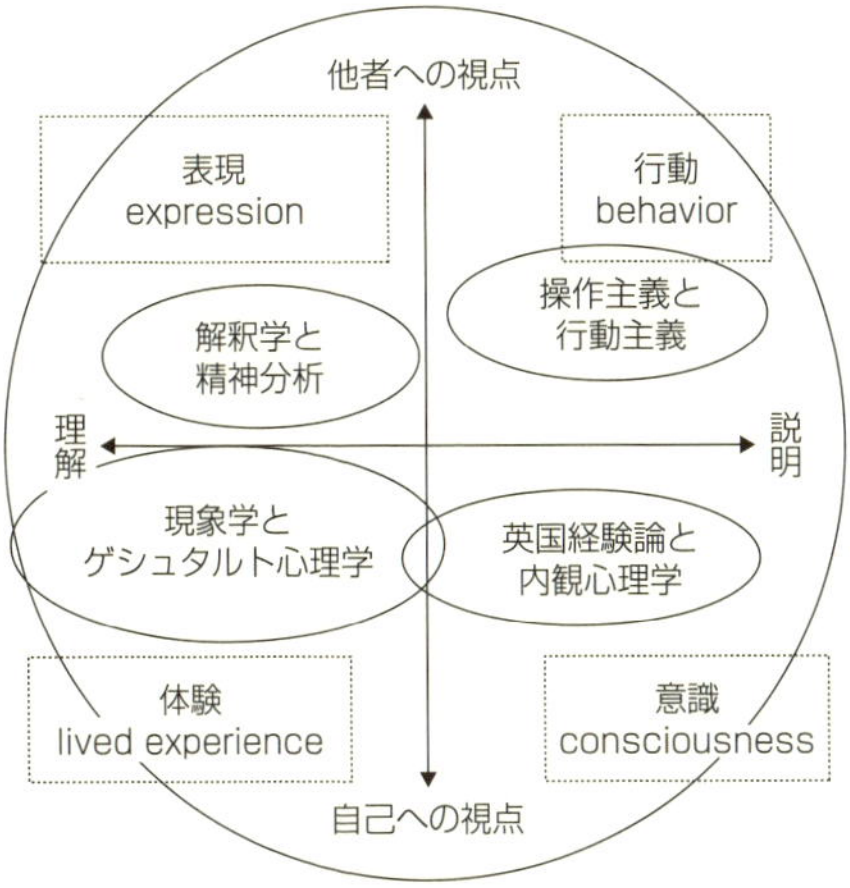

◆図6—2

本章の議論から、第2象限（他者への視点・理解）に配置すべき代表的な潮流を精神分析とする（図6—2）。これで、19世紀末の科学的心理学の誕生から、20世紀中盤にかけての行動主義、ゲシュタルト心理学、精神分析の三派鼎立にいたる状況が★12、4つの象限からなる解読格子によってはっきりと図解され解読されたわけである。

★12：三派鼎立といっても、行動主義が圧倒的優位を誇り、操作的定義という武器によって精神分析とゲシュタルト心理学をも、強引に〈他者視点・説明〉の領域へと間接的にまとめあげようとしていた時期であった。すなわち、精神分析については、ダラードとミラー（『人格と心理療法』河合伊六・稲田準子（訳）1972　誠信書房　原著 1950）による、欲動→動因といった、行動主義的学習理論への概念的読み替えの試みがなされた。ゲシュタルト心理学についても、前章でみたように、たとえば「近接の要因」における「近さ」が物理的距離であるかのような誤解のもとに、知覚的世界についての測定実験が行われるようになり、私秘的な体験世界もまた、測定を通じて操作的に構成されることでアクセス可能とみなされるにいたったのだった。

第4章から見てきたように、人間経験の幅は4つの象限にまたがって広い。その広い経験を、第1象限に不自然に制限することによって成立した、不自然に科学的な心理学が行動主義であり、その認識論的背景は操作主義だった。すると、質的心理学がリヴァイバルするには、論理的にいって次のような道筋があり得ると分かってくるだろう。

第一に、「科学性」の基準を解体することで、心理学の可能性を第1象限以外へと拡大することである。第1象限という科学性の牢獄に閉じ込められていた心理学を、脱獄させることである。その際、第4象限はすでにその不毛性が確認済みなので、可能性は第2と第3ということになる。つまり、「スタンスの対立軸」における左側（記述と意味理解）の領域へと科学性を拡大することで、心理学を質的研究の領域へと連れ出すことである。これは、事実、1960年代以降、解釈学的転回として、科学哲学・科学認識論上に、また人間諸科学の方法論上にも、生じたことだった。

第二の道筋は、解読格子じたいを解体する方向、特に、より根本的な対立軸である、視点の対立軸を無効化する方向である。これは、解読格子の構成で前提とした、「自己／他者」という区別への批判というかたちで、特に後期ウィトゲンシュタインや分析哲学中の日常言語学派の影響のもとで生じた言語論的転回のなかで、じっさいに企てられたことだった。

第三の道筋は、因果論理と解釈論理を、ともに上位の論理に包摂することで、スタンスの対立軸を無効化することである。これが、もの語り論的転回（ナラティヴ・ターン）によってなされつつある企てである。

次章以降、これらさまざまな「転回」の前提となるクーンらの認識論的転回（第7章）、解釈学的転回（第8章）、言語論的転回（第9章）、そしてもの語り論的転回（第10章）の順に見ていくことにしよう。

第7章

認識論的転回——新・科学哲学の興隆

7・1 論理実証主義からクーンのパラダイム論へ

本章の主役の一人は、アメリカの科学史家トマス・クーンである。[★1] クーンを代表とする新・科学哲学が興隆し、支配的な科学哲学であった論理実証主義にとってかわってはじめて、解釈学的転回を皮切りとする認識論的転回が可能になり、人文社会科学における質的研究も再興したのだから。

★1：Thomas T. Kuhn（1912-2001）。物理学出身の科学史家。主著『科学革命の構造』（巻末ブックガイド参照）によってパラダイム論を提唱。その影響は科学史や科学哲学をこえて、現代の科学と思想の全般に及ぶ。

とはいえ、本章ではいきなりクーンの科学革命論とパラダイム論に入ることはしない。まず、論理実証主義をおさらいすることから始めたい。なぜなら、質的心理学・質的研究にとっての敵役扱いされがちな論理実証主義について最低限の正確な理解をしておくことは、心理学が今後、学問的厳密さのタガがはずれて拡散し、しまいに雲散霧消してしまう危険性を防止するのに役立つとおもうからだ（そのような危険性は大いにある！）。

たとえば、論理実証主義についての不正確な理解のなかには、「論理実証主義は実証主義の代表であり、実証主義の前提である客観主義・実在論を共有している」というものがある。客観主義・実在論とは、認識主体の認識とは独立に世界が客観的に実在している、とする哲学的な信念だ。[★2]

★2：そもそも、「実証主義が客観主義・実在論を前提とする」という前提そのものが哲学史的には間違いだが、アメリカ産の質的研究入門書にこの種のまちがいを発見して唖然とすることがある。客観主義・実在論を本能的に前提して実証的研究を行う現場の科学者の反省以前の素朴な実在論と、科学の基礎付けとしての実証主義とを、混同しているとしか言いようがない。ちなみに、現場の科学者の本能的な客観主義的実在論は、近年、科学的実在主義（scientific realism）の名の下に精緻化されつつある。

ところが論理実証主義は、初期にはウィーン学団と言われ、ウィーン在住の若手科学者が中心となっていたが、その母体は、マッハの死の直後に創設された「マッハ協会」にある。つまり、ウィーン在住の物理学者で哲学者のエルンスト・マッハの学説を信奉する集団ということになる。マッハとは、本書の第一章で「マッハの自画像」を掲げて、ある意味で本書の出発点とした人だ。そこでも「哲学者としては感性的要素一元論にもとづく実証主義を唱え、論理実証主義と現象学の双方に影響を与えた」と紹介しておいた。この一元論は、感覚的な実証を超えた「客観的実在」を最初から前提して物理的世界を説明するのではなく、感覚器官によって実証される世界、つまりマッハの自画像に描かれたような感覚世界から出発して物理的世界を構成することで説明するという、まさに客観主義的実在論の対極に位置する、主観主義的唯心論的傾向の説だ。当然、フッサールの現象学ともなじみが良い。★3

★3：たとえば、「マッハは論理実証主義の父としてよりは、むしろ現象学の母として位置づけられるべき哲学者なのである。」（野家啓一「マッハ」『現象学事典』（巻末ブックガイド（第5章）参照）pp. 574-576）

そんなマッハの説に、なぜ当時の、科学の基礎づけに関心のある若手の科学者たちが惹かれたか。それは、第2章で物理学における操作主義の台頭について述べたようなことと、同じ理由からだ。マッハ協会設立の1920年ごろは、1905年にアインシュタインの相対性理論が発表され、さらには量子力学が姿を現しつつあるというように、それまでの科学界を支配していたニュートンの、絶対空間・絶対時間という客観主義的実在論に基づく科学像が、大きく揺らいだ時期だったのだ。そこで、科学の基礎づけに関心のある若手の科学者たちが集まり、アインシュタインにもヒントを与えたというマッハ哲学をよりどころにして「科学とは何か」を反省したのが論理実証主義の始まりだった。ま

◆表 7—1　1960 年頃までの論理実証主義の標準見解

石川幹人・渡辺恒夫（編）2004『マインドサイエンスの思想』新曜社　を参考に作成。

①経験論と実証主義の基本的テーゼ。科学的知識の基本的要素は、感覚与件（センス・データ）を反映する観察言明である。言明の真偽の検証は、感覚器官を用いた観察によってなされる。
②意味の検証可能性原理。検証可能な言明だけが意味がある。言明の意味とはそれの真偽が検証されうる方法のことである。たとえば「無は灰色である」といった言明は検証の方法が原理的に可能でないので、詩的な比喩として以外には無意味である。形而上学はこの種の無意味な言明であふれ返っている。
③観察の間主観性（intersubjectivity）。観察は、複数の主観の間での一致がある場合のみ、正しいとされる。これは観察の公共性の原理に相当する。なお、観察の共通感覚性（intermodality）という原理も提案されている。複数の感覚様相の間の一致がある場合のみ観察は正しいとする原理である。
④理論と観察の峻別。理論的な用語や表現が許容されるのは、それが観察から演繹されるものである場合のみである。理論と観察の間には明確な区別がある。
⑤仮説演繹法。科学は演繹的・法則定立的構造を有している。仮説的言明は理論から演繹的に導き出される。たとえば、「この壜の中の水は100度で沸騰するだろう」という言明は、「水は100度で沸騰する」という理論（一般的法則）から論理的に引き出される。実際にこの壜の中の水が100度で沸騰することが観察されれば、言明は検証されたことになる。また、個別的事象を記述する言明を一般的法則へと包摂することが、「説明」である。
⑥統一科学。さまざまな科学が同一の方法を用いているので統一が可能である。統一とは実際には物理学による他の科学の併合を意味する。心理学も例外ではない。
⑦仮説や理論のような科学的成果の評価において重要なのは「正当化の文脈」という厳密に論理的かつ方法論的な、認識論的に堅固な基準である。この評価は、成果が発見され作られたときの歴史的・社会的・心理的過程や状況である「発見の文脈」とは関係がない。
⑧科学は累積的に進歩する。科学的進歩は社会に利益をもたらす技術的業績に反映される。
⑨科学と非科学の境界設定。科学哲学の課題は、科学がいかにして、またなぜ成功しているのかを説明し、科学と（形而上学や疑似科学など）非科学を区別するための恒久的な基準を発見し擁護し推進することである。「意味の検証可能性原理」は、そのような、科学的言明と非科学的言明を区別するための基準を提供する。

さにニュートン的な客観主義的実在論とは対極に位置するのである。

そんな、マッハの実証主義哲学を出発点とした論理実証主義の運動だったが、具体的な科学の基礎づけについての議論が進むにつれ、いろんな困難にぶつかることになる。本章ではくわしく物語っている余裕がないので、論理実証主義の「標準的見解」を9項目にまとめて表にしておこう（表7―1）。読者は、今すぐこの表を隅々まで読まなくともよいが、あとで、議論の途中で、参照することになる。

7・2　意味の検証可能性原理と観察の間主観性原理

さて、論理実証主義の核心的主張といえば、②の「意味の検証可能性原理」になる。しかも、①にみるように、「言明の真偽の検証は、感覚器官を用いた観察によってなされる」のだから、第2章の操作主義の項で批判対象としたニュートンの絶対時間のようなシロモノは[★4]、検証不可能な、それこそ客観主義的実在論的な悪しき形而上学として科学から追放されるわけだ。

★4：参考までに第2章2・2節に引用した絶対時間の定義を再録しておく。「絶対的な、真の、数学的な時間は、それ自身で、そのものの本性から、外界とも関係なく、均一に流れる。」

けれど、ここで問題が起こる。感覚を用いた観察しか信用できないなら、それこそマッハの自画像のような世界だけが唯一の実在でありリアリティであるという、いわば独我論に陥ってしまうのではないだろうか。そこで持ち出されるのが、③の観察の間主観性の原理だ。間主観性はすでに、第5章のフッサールの項で出てきたが、論理実証主義における間主観性は、あくまで、科学的観察はどうあるべきかという、科学方法論上の議論に限定されたものだ。この意味での間主観性は、第2章の操作主義の項で論じた、観察の公共性に一致する。

けれども、論理実証主義者のなかでも、物理主義の傾向の哲学者は、複数の主観による観察の一致という原理では、物理学の基礎付けとしては弱いと考えたらしい。たとえば、赤いチューリップをみて、私もあなたも（つまり複数の主観が）「チューリップは赤い」と観察言明を発したからといって、本当に観察が一致したと保証できるだろうか。私とあなたとは全く違った色を「赤」と呼ぶように子どものころに学習してしまっていた、ということもあり得るではないか。

そこで物理学者なら、「チューリップは波長約800ナノメーターの電磁波を反射している」というのが、厳密に科学的な言明だと言うだろう。なぜ「赤い」よりも「波長およそ800ナノメーター」の方が科学的か。それは、色とは視覚という単一の感覚でしか観察できないが、波長ならそのような感覚様相による制約を超えているからだ。たとえば適切な波長変換器を使うことによって、あなたは「赤」とそれ以外の色の違いを「聞き分ける」こともできるし、振動の違いとして触運動感覚的に識別することもできる。考えてみると、私の個人的な観察を検証する方法は、他者の観察との一致以外にもあることが分かる。道を歩いていて、後ろから名前を呼ばれたような気がした。振り向いた。だれも見えない。だから空耳、つまり幻聴だと、判断する。こんなことは、しょっちゅうあることではないか。むしろ自分の個人的な観察を検証する方法としては、あてにならない他人の観察との合意などに訴えるより、自分自身の五種類の感覚様相の間の合意に訴えた方が、よほど確実ではないのか。これが、共通感覚性（intermodality）の原理である。★5

★5：実在感の源が間主観性よりも共通感覚性にあることについては、「付章」Y・10節も参照のこと。ちなみに私は、他人に会ったことのない生まれながらのロビンソン・クルーソーであっても、共通感覚性の原理に訴えれば物理学の完全な体系を創出することは可能だと考える。

7・3　論理実証主義と行動主義

次に、④⑤をとばして⑥の統一科学に移る。一般に統一科学運動と呼ばれ、カルナップ（Rudolf Carnap 1891–1970）をはじめ、物理学出身の論理実証主義哲学者によって推進された。なぜ物理学による併合が統一科学なのかというと、すでに見たように物理学的な言明が、間主観性と共通感覚性の両方の条件を、もっともよく満たすからだろう。心理学はどうかというと、これにはヘンペル（Carl Gustav Hempel 1905–1997）による論理的行動主義の試みがある。それによると、「ポールは歯が痛い」といった心的な概念を含む言明は、そのままでは間主観的な観察による検証ができない。そこでこの言明を、身振りや発語や血圧といった、一組の行動（ふるまい：behaviors）に翻訳してやれば、物理学的言明へ統合が可能になる。つまり、ある人の「痛み」に関する言明は、物理的事実に関する諸言明の省略に他ならず、それゆえ「痛み」に関する言明は、「『痛み』という語をもはや含まず、物理的な概念のみを含む言明に、内容を欠くことなく翻訳しなおすことができる」[★6]ことになる。

★6：ヘンペルの説は1935が初出。なお、第9章9・1節にくわしい紹介がある。

この論理的または哲学的な行動主義と、行動主義心理学の関係について一言しておく。行動主義という心理学上の方法論が、いかに論理実証主義の検証理論に従っているかのように見えるとしても、前者が後者の影響を受けたわけではない。第4章でもふれたが、むしろ逆とみたほうがよい。ワトソンの行動主義宣言は早くも１９１３年に出されている。論理実証主義がウィーン学団として正式に旗上げをしたのは１９２９年、前身のマッハ協会としての活動にしても、１９２６年のことであった。だから、心理学を統一科学へと統合するにはどうすべきかの問題にカルナップやヘンペルが関心を向けた際、すでに発足していた行動主義心理学の方法論に着目したのではないだろうか。少なくとも、行動主義心理学の興隆を目の当たりにすることが、心理学も統一科学へと併合できるという確信を促したのはまちがいないところだろう。

なお、ヘンペルは、その後、操作主義の熱心な鼓吹者になった。第2章でみたように、１９８０年以降、アメリカ精神医学会の診断マニュアルが操作的診断に基づくようになったが、これには、ヘンペルが１９５９年、精神科診断をめぐる国際学会でおこなった基調講演（分類学の基礎）の影響が大きいという。[★7] ヘンペルを介して、論理実証主義、操作主義、行動主義心理学という、元々は別個の起源をもつ潮流が、一つにまとまったと言えるだろう。[★8]

★7：佐藤裕史・Berrios, G. E. 2001「操作的診断基準の概念史：精神医学における操作主義」精神医学　43(7). 704-713.

★8：ちなみにヘンペルの名は、第10章で、歴史的説明をも論理実証主義的立場から法則的説明として定式化したことで、もう一度、質的研究の「敵役」として登場する。物理学に顔を向けた論理実証主義哲学者のなかでは例外的に、人間科学に関心を注ぎ続けた人であった。

7・4　論理実証主義への批判——ポパーの反証可能性理論

１９３０年代、ナチス（国民社会主義ドイツ労働者党）政権に追われ、ユダヤ系が多数を占めていた論理実証主義哲学者はアメリカやイギリスへの亡命を余儀なくされた。これによって英語圏の科学哲学は、論理実証主義の影響下に入ることになった。論理実証主義の本来の動機は、表では最後の⑨に置いたが、科学と、疑似科学や形而上学などの非科学との境界設定のための、恒久的な基準を発見することにあった。けれども、彼らの計画はいろんな場面で困難に突き当たることになり、批判が目立つようになった。

たとえば、ウィトゲンシュタインは前期には『論理哲学論考』で論理実証主義に影響を与えた人であるが、後期の代表作『哲学研究』（1953）では一転して、意味の検証可能性原理に真っ向から対立するような意味論を提唱している。第9章で詳しく述べるが、それによると、語の意味とはその語が用いられた言語の文脈におけるその使用のことなのである。また、ハンソンは『科学的発見のパターン』（村上陽一郎（訳）2001 講談社学術文庫（原著 1958））で、表7―1④の「理論と観察の峻別」を批判し、観察の理論負荷性を唱えた。観察はそれ以前の知識によって形作られ、知識の背景を伴う。たとえばあなたが見たものについて問われればあなたは「観察の理論負荷性についてのページを見ています」と答えるだろうが、日本語を知らない観察者なら「ミミズののたくったような模様を見ています」と報告するだろう。ゲシュタルト心理学でいう「あいまい図形」（第5章参照）もまた、背景知識（思い込み）が異なれば異なるものを観察してしまう例といえるだろう。

この時期の論理実証主義への最大の批判者は、オーストリー生まれの科学哲学者、カール・ポパー（Karl Popper 1890-1980）である。彼によると、「一般言明」★9の検証は、厳密には不可能である。「カラスはすべて黒い」という一般言明は、カラスの観察によって百万回検証されてきたかもしれないが、次の百万と一羽目のカラスが黒くないという論理的可能性は常に残っている。したがって、ポパーによると、科学においては検証ではなく反証のみが可能なのだ。証拠を蓄積したところで仮説の真実性の保証にはならない。白いカラスが一羽みつかった時点で、カラスはすべて黒いという、大量の証拠で検証されてきたように見えた言明は反証され、棄却されてしまう。

★9：一般言明。「すべてのXはYである」という形式をした言明。法則や理論はすべて一般言明である。

科学は理論を検証しようとするのではなく、反駁しようと努めるべきである。良い理論とは、それがどんな観察によって反証されるのかということが、あらかじめ明確になっているような、反証可能性のある理論のことである。これが、検証可能性原理に代わる、科学と非科学の境界設定の基準としてポパーが唱えた反証可能性原理、略して反証理論である。

ポパーを狭い意味の科学哲学者としてだけでなく社会思想家として重要な存在にしているのは、その、精神分析とマルクス主義歴史理論への厳しい批判のためだろう。フロイト精神分析を例にとると、「彼女は彼に対してアンビヴァレント（両面価値的）な感情を抱いている」といった、よくある精神分析的な言明は、彼女のどんな態度によっても「検証」されてしまい、反証は不可能なので、精神分析理論は全体として科学失格である（『推測と反駁』藤本隆志（他訳）1980　法政大学出版局）。また、マルクス主義の歴史社会理論では、資本主義社会の内部で生産力が増大すると生産様式との矛盾が強まり、「必然的に」革命が起こって共産主義という新しい生産様式へと移行するという。しかし、必然的にといっても、それはいつ起こるのか。オーストリア時代に若き日のポパーの周囲にいたマルクス主義者たちは、数年以内に起こると言い、起こらなければ10年後、また起こらなければ20年後というように、言い逃れをするのだった。彼らを反駁するのは不可能なのだ。このような思想体系は、反証はおろか、批判さえできない。それは信者からの独断的な信仰を必要とし、科学的合理性とは対極にあるがゆえに全体主義の温床となるのである（『開かれた社会とその敵』内田詔夫・小河原誠（訳）1980　未来社）。ベルリンの壁崩壊以後の時代に生きる私たちとしては、ポパーの洞察の正確さに脱帽しないわけにはいかないだろう。

7・5　クーンのパラダイム論と科学革命論

このようにして論理実証主義への批判が進行する中で、「新・科学哲学」といわれる科学哲学者たちが登場したのだった。すでに紹介した『科学的発見のパターン』のハンソンが、その皮切りと言ってよい。かれらの共通の関心は、理論の論理的構造よりも、科学者がその理論や仮説に到達するみちすじにあった。論理実証主義者が、「この理論は検証可能な仮説を演繹的に生み出しているか」「どれだけ観察によって検証されたか」といった、事後的な「正当化の文脈」（表7—1⑦参照）に焦点を合わせたのと対照的に、かれらは「発見の文脈」に光を当てるようになった。そのなかでもエポックメーキングとなったのが、本章冒頭でも触れたクーンのパラダイム論だった。

「パラダイム（paradigm）」とは、どのデータが正当で、どんな方法が用いられ、結果を述べるのにどんな語彙が使われるべきか、そしてどんな種類の解決が可能なのか、といったことを決定する枠組（＝準拠枠）のことである。ここで注意すべきは、パラダイムには研究の社会的組織も含まれ、初学者の、実験室や科学者共同体への入門の過程も含まれていることである。学生や若い研究者は、その共同体で用いられている語彙・方法・技術という準拠枠を採用できるように訓練を受ける。ポパー流の開放的で批判的な議論という理想とはまったく対照的に、研究者の共同体は権威的で独断的であり、若手研究者がそのパラダイムの正統な結果を再現できないのであれば、パラダイムを反証したとみなされるどころか、仕事を失うのがオチである。このように、パラダイムは第一に研究者の学派・共同体、第二に方法・数学的技術・実験装置などのすべて、第三に概念的準拠枠から成っており、理論的知識と同様に実践的技能も含むものである。★10

★10：パラダイムに定訳はないが、サトウタツヤによる「学範」という訳はもっと使われてもよいだろう。

あるパラダイムをポパーが主張したやり方で合理的に否定することはできない。事実がパラダイムの文脈においてのみ事実として存在する以上、理論が経験的に適切であるかどうかを評価して棄却することは不可能だからである。したがって、競合するパラダイム間のどんな合理的比較も不可能である。これを、パラダイムの間には通約不可能性（incommensurability）がある、という。このことは、科学史における進歩を測る方法がないという、重大な結果をもたらす。

クーンは、実証主義者が広めた科学の累積的進歩という考え方が事実ではないことを強調する。クーンが提案する科学の歴史的発展の一般的パターンは次のとおりである。まず前パラダイム的科学があって、そのあとにパラダイムが確立すると「通常科学」となる。しかし変則的な観察結果の出現が危機を招き（「危機の時期」）、その後に新しいパラダイムが確立する「革命」を引き起こすきっかけとなる。そしてしばらく通常科学の時期があってまた次の「危機」が始まり、同様にして続いていく。

したがって科学革命とは、ポパーのいうところの反証例が積み重なったあげくの、合理的な理論の交代などというものではない。クーンはそもそも厳密にポパー的な反証の例が存在するのかどうかを疑う。「事実」はただパラダイムの内部にのみ現れるのであるから、変則的なものは科学的事実でさえない。

興味深いことに、クーンはもともと物理学者出身の科学史家であったにもかかわらず、パラダイム論は物理学者よりもかえって心理学者や社会科学者に迎えられたのだった。とはいえ、心理学史家たちのパラダイム分析の結果は、必ずしも心理学の歩みを、クーンの科学革命の図式の通りには描き出しはしなかった。心理学史家は、通常科学としての単一パラダイムが心理学史にあったか否かには概して否定的なのである。★11

★11：例えば，Driver-Linn, E. 2003 Where is psychology going?: Structural fault lines revealed by psychologists use of Kuhn. *American Psychologist*, 58, 269-278. など参照。

また、くわしく取りあげる余裕はないが、ファイヤーアーベントは、科学の方法論においては「何でもかまわない（anything goes）」のであって、境界設定基準などないし、あってはならず、境界設定のために方法論的な法と秩序に訴えることは、科学の進歩にとって自滅的であり、確立した理論に反対して仮説を作り出していくことが科学の進歩の様式であると論じて、クーンの相対主義をさらに先鋭化させた（巻末ブックガイド参照）。

論理実証主義からクーンやファイヤーアーベントまでの歩みを、境界設定基準の破綻と、そしてその結果として相対主義が勝利したことと見なすこともできよう。しかしながら、それを科学哲学においてより人間的で文脈依存的な、したがって歴史的な要素の、導入として捉えることもできるだろう。いまや科学は神のごとき合理性の支配する世界ではなく、きわめて人間くさい活動として見なされるようになった。すでにポパーも仮説の形成を本質的に自由で創造的、抑圧的でない人間的な活動であるとしていた。クーンは科学の社会的性質と知識の文脈依存的性質を強調し、ある共同体の内部における共通の実践的活動という基盤に立ってのみ研究は可能であるとした。詳しくは第9章でみるが、ウィトゲンシュタインも早く同様の結論にたどり着いていた。知識は実際的で社会的な基盤から生まれ、反省以前の実践的活動に依存しているのだ。

こうしてみると、科学哲学におけるこの展開は、ドイツなど欧州大陸における解釈学的哲学の流れと共鳴し、しだいに収斂してゆくかのように思われる。かくして解釈学的転回が準備されたのだった。

第8章

解釈学的転回

「解釈学的転回」というコトバを目にするようになったのは、いつのころからだろうか。

私は学部を哲学専攻で卒業したから、「言語論的転回」という言葉は知っていた。英語圏の哲学では、20世紀の20年代から中盤にかけて、分析哲学が盛んになって主流を占める。バートランド・ラッセルとウィトゲンシュタインのいるケンブリッジ大学が、分析哲学のメッカとみなされた。欧州大陸からの亡命者が中心になった論理実証主義も、分析哲学の興隆に一役買っている。分析哲学の特徴を一口でいえば、たとえば、「自由意志は存在するか」といった哲学史上の難問を、言語の分析によって解こうとするところにある。ところが、容疑者が重い精神疾患を患っていることが精神鑑定によって明らかになれば刑罰を免れることがあるのは、ご存じのとおりだ。これは、犯行は本人の自由意思ではなく「脳のせい」なのだから、責任は問えない、という論理に基づいている。

ところが、科学が発達すれば、正常異常を問わず人間の行動はすべて脳科学的に説明できることになり、つまり「脳のせい」にできることになり、自由意思にもとづく責任を前提とした刑罰、といったことも論理的には成り立たなくなってしまうではないか、と思わないだろうか。このようなパラドックスに対して、「自由意志は存在するか」という伝統的に形而上学的に論じられてきたような検証不可能な論議の仕方をやめて、「自由」とか「意志」とか「責任」とかいったコトバの意味と用法を分析することによって、つまり言語論的に解決しようというのが、分析哲学の基本的な姿勢なのだ。だから、分析哲学は哲学史上に言語論的転回をもたらしたといわれるのであり、次章であつかうように、その影響は人文社会科学全般に及んでいるのだ。

これに対して解釈学的転回（hermeneutic turn）の方は、言葉からしてハーメニューティクだなんて、聖書文献学由来で古めかしい。それが、どうした風の吹きまわしで、突然――のように私には感じられたのだが――しかも言語論的転回よりも遅れて、注目されるようになったものか。

そんなことをなんとなく思いながら図書館でいろんな本を渉猟していたある日のこと、ふと目にとまったのが、あのトマス・クーンの『解釈学的転回』（巻末ブックガイド参照）という文章だった。

8・1　クーンが解釈学的転回について語る

１９９１年に書かれたこの自伝的なエッセイは、チャールズ・テイラーとの、架空の対論という形を取っている。テイラーは、欧州大陸の解釈学の流れを英語圏に導入したことで知られる科学哲学者だ。まず、クーンも多くを学んだというその人間科学論を、かいつまんで紹介しておこう（Taylor, C.1971 Interpretation and the sciences of man. *Review of Metaphysics*, 25, 3-51.）

テイラーによれば、文献、状況、行為、理由、目的といった人間科学の対象には、「意味」というものがあり、こうした意味は主体によって解釈され理解されねばならない。意味は人間行動を特徴づけるうえで本質的である。あるものがある「意味」をもつのは、他の物事との関連においてのみである。単独で意味をなす要素というものは存在しない。「恥」は、「隠れる」といったある反応を導くような特定の状況を指し示す。しかし、ここでの「隠れる」ことが、武装した追跡者から隠れることと同じではないと理解するためには、体験される感情（恥）に言及しないわけにはいかない。つまり、我々は、「恥」⇕「隠れる」という、循環の中にいなければならない。これが、ガダマーもいう「解釈学的循環」ということである。

それゆえ、文献の読解であれ行為の理解であれ、解釈の不確実さと主観性とを免れることはできない。行動主義は——その影響下に成立した「主流」の行動科学的社会科学も——この点で間違いを犯してしまった。なぜなら、刺激無しに反応を定義することはできないし、逆もまた然りである。おまけに、主体による刺激の解釈が介在するのだから、状況とそれに対する反応とを、客観的に定義するなど不可能である。

実験事態ではなく、投票といった日常的なより複雑な行為を取り上げてみよう。紙片に名前を書いて箱の中へ入れるという行動は、社会的実践としての投票という全体の、部分としてのみ意味をなす。投票、約束、交渉、握手などの社会行為は、これら行為を「構成する」ある種の語彙と規則を暗黙裡に伴っている。規則と語彙と、そして社会的行為の全体的構造が、ある特定の行動の意味に必要不可欠な文脈を作り上げる。したがって人間行動を理解するためには、時空間的に定義されるような物理的な記述以上のことを必要とするのであり、社会的現実の中に埋め込まれ、共有されている「意味」に関する研究としての解釈学が必要なのである。

初出が1971年のテイラーのこの論文は、1979年に、ガダマーや、フランスの哲学者フーコーや、のちに触れる人類学者ギアーツらの論文と共に、編者による「解釈的転回」という長い序論が付されたアンソロジーに収められて再刊されている（Rabinow, P. & Sullivan, W.M.（Eds.）1979 *Interpretive social science: A reader.* University of California Press.）。この時期、ヨーロッパ大陸の解釈学の流れを、英語圏に最初に導入した一人がテイラーなのである。

クーンに戻るが、まさにこのような、自然科学とは異なって人間科学は「意味の解釈」が方法となるという単純な二分法が、テイラーへの、そして（マックス・ウェーバーなど）ヨーロッパ大陸の解釈学の流れへの、不満らしい。なぜなら、自然科学もまた「意味の解釈」に基づくというのが、彼のパラダイム論の言わんとしたことだったからだ。テイラーは、「天」はあらゆる文化を通じて同一だというが、クーンによればギリシャ人と、コペルニクス革命以後の私たちとは、同じく天を見上げながら全く別物を見ているのである。たしかに、大熊座だの白鳥座だのと言われても、私たちにはどう目を凝らしても星の配置パターンがクマやハクチョウに見えてくるということはまずないので、クーンの説にも一理ある。

といっても、クーンも、ある意味で諸科学の二分法じたいは認めている。なぜなら、自然科学で「解釈」が問題になるのは、前章で紹介した科学の歴史的発展の諸段階のうち、「革命」の段階だけだからである。革命の時期では、天体の運動という同じ観測結果に対して、天動説と地動説という二通りの「解釈」が競合するわけである。これに対して、支配的なパラダイムの内部での「パズル解き」に従事するだけの通常科学の段階では、解釈が問題になることはない。したがって、クーンのこの説明によると、「説明」と「解釈」の対立は、自然科学と人間科学の間にあるのではなく、単一パラダイムの支配する通常科学と、恒常的に危機に陥っては革命をくりかえす科学との間にある、ということになる。

けれども、クーンの議論はあまり説得力あるものとは思われない。なぜ自然科学は単一パラダイムが支配しやすく革命の時期は例外的なのに、人間科学ではその逆なのかというように、問題を別のかたちに置き換えただけということになってしまうからだ。「説明」と「解釈」（理解）の区別に対する、正面切っての無効化攻撃は、20世紀末の、「もの語り派」の登場まで待たなければならず、それが第10章のテーマとなる。いずれにせよ、クーンのこの「解釈学的転回」は、かれ自らが、パラダイム論を、英米系科学哲学の流れで論理実証主義にとってかわる「新・科学哲学」としてだけではなく、ヨーロッパ大陸系の解釈学の流れにも位置づけようとしていたことを、証拠立てるものだろう。

8・2 ギアーツの「厚い記述」

さて、1979年刊の、編者による「解釈的転回」という長い序論が付されたアンソロジーに戻るとしよう。その寄稿者のなかでは、クリフォード・ギアーツもまた、解釈学的人類学の創始者として、解釈学的転回に大きな役割を果たしたビッグ・ネームである。そもそも解釈学的転回の波は、個別科学のなかでは人類学と社会学に始まったと言ってもよい。心理学にその波が押し寄せるのは、遥かに遅れるのだ。

ギアーツといえば、質的研究の入門書によく出てくるフレーズに、「ギアーツの『厚い記述』」というのがある。質的研究に関する本を読むようになった最初のころ、私はこれを見るたびに憂鬱になったものだった。使われるテクスト・データは長くて詳しくなければ質的研究というに値しない、と言っているのだと思ったからだった。私は質問紙法しか使ったことがない（インタビュー法にくらべると、最初から匿名で実施できる質問紙法の方が、研究者にとっても、（たぶん）協力者にとっても、ずっと気楽ではないか）。尺度構成が目的ではなく自由記述欄に書き込まれた回想テクストが目的だから、

「回想誘発的質問紙法」とか銘打っているが（拙著『自我体験と独我論的体験』2009　北大路書房参照）、それでもインタビュー法にくらべれば、得られる「記述」にはどうしても限界がある。

その後、ギアーツの代表作である『文化の解釈学』（巻末ブックガイド参照）の第一章を読んで、勘違いしていたことが分かったのだった。記述の「厚さ」とは、長さとか詳しさとは直接関係がないのだ。

もともと「厚い記述／薄い記述」とは、20世紀イギリスを代表する分析哲学者、ギルバート・ライル（Gilbert Ryle 1900-1976）の用語らしい。ライルの議論によれば、トム、ジャック、ビルという3人の少年がいて、3人とも瞬いたとする。

トムは、単なる生理現象として瞬いた。
ジャックは、悪だくみの合図を友達に送るために瞬いた。
ビルは、秘密のたくらみがあるかのように人に思わせるため、ジャックが瞬くのをまねた。

ライルのいう「薄い記述」では、3人の少年の瞬きは種類として区別できない。「トムは5月16日11時12分24秒に瞬いた」「ジャックは同日12時15分18秒に瞬いた」「ビルは同日12時15分44秒に瞬いた」といった具合である。これに対して、三種の瞬きを区別するような解釈を可能にするような記述、もしくは解釈にもとづいて書かれた記述、つまり上述のような記述が「厚い記述」なのである。

なんのことはない。厚い記述とは、ふつうに私たちが周囲の人びとの行為を記述するやりかたではないか。それをわざわざ、ギアーツが取り上げたのは、心理学における行動主義の影響が社会科学全般に及んできて、「行動科学」という名称にとって代わられかねない情勢だったからだろう。行動主義では、行為を意味あるものとして記述せず、意味を度外視して測定する。その方法は、行動主義が衰退した現在でも、行動生物学や乳児研究では使われている。「実験期間の間、白ネズミは黒ネズミにくらべて、脱糞した回数は平均30パーセント多い」「生後1か月以内の赤ん坊でも単純な図形よりも複雑な図形に向けた注視時間が有意に長い」といった記述で、おなじみだろう。

つまり、「厚い記述」とは、長く詳しく記述せよ、というのではなかった。測定すべき行動としてではなく、解釈すべき意味ある行為として記述せよ、と言っているのである。本書の認識論的解釈格子を用いれば、第1象限の「行動」ではなく、第2象限の「表現・意味ある行為」へとシフトせよ、と言っているのである。現在ではあたりまえに思えても、20世紀中盤にはまだあたりまえではなかったのだ。解釈学的人類学を切り開いた代表作の冒頭で、ギアーツは第一番に、そのことを強調しなければならなかったのだから。

ちなみにギアーツによれば、人類学の研究対象は文化であり、文化とは「意味ある象徴の体系の総体」（訳書p. 79）である。「マックス・ウェーバーと共に、人間は自分自身がはりめぐらせた意味の網の中にかかっている動物であると私は考え、文化をこの網として捉える。したがって、文化の研究はどうしても法則を探究する実験科学の一つにはならないのであって、それは意味を探究する解釈学的な学問に入ると考える」（p. 6）というのが、『文化の解釈学』冒頭におかれた、いわば解釈学的人類学の宣言になっている。

8・3　質的研究法の現代――グランデッド・セオリー・アプローチとシンボリック相互作用論

　そろそろ科学哲学や人類学の話ではなく、心理学の話に戻りたい。質的心理学研究といえばおなじみなのが、グランデッド・セオリー・アプローチ（ＧＴＡ）だろう。心理学は、人類学や社会学などにくらべても、ことのほか厳密な方法論にうるさい学科だ。測定をして統計学を駆使して有意差を出す、といった定番の数量的技法を使わず、記述をして解釈しましたというだけでは、質的研究どころか学問以前の感想文としかみなされないのがオチである。質的研究の技法論が日本に根付く以前のいくつかの学会では、数量的アプローチへの漠然たる不満を動機としたその種の発表が、一定の割合で必ず見られたものだった。そのような割合の多いある学会を、私は内心、「感想文心理学会」と皮肉っていたものだ。

　その点、１９６０年代に早くも登場しているＧＴＡは、社会学者の手になるとはいえ、質的研究に厳密な技法論を提供するものとして、社会学ばかりでなく、看護学福祉学そして社会心理学と、広範な領域に歓迎された。質的研究の現代はＧＴＡに始まるといってよい（グレイザー・シュトラウス『データ対話型理論の発見――調査からいかに理論をうみだすか』後藤隆・大出春江・水野節夫（訳）1996　新曜社（原著 1967））。

　とはいえ、本書は、質的心理学の技法を解説する場ではない。ＧＴＡについては良書がいくつか出ているのでそちらを参考にしてもらうとして、本書で取り上げるのは、ＧＴＡを可能にした認識論的背景だ。それが、社会学と社会心理学の領域では名の知れた、ブルーマーのシンボリック相互作用論なのである。ＧＴＡを創始した二人のうち、シュトラウスはブルーマーの門下生だった。ＧＴＡはシンボリック相互作用論の具体的な研究技法化とみなすことができるのだ。

ブルーマーの主著は、『シンボリック相互作用論』（巻末ブックガイド参照）である。日本ではようやく１９９１年に訳が出ているが、原著は１９６９年刊で、テイラーの論文より2年は早い。しかも、各章の初出をみると、内容的に１９３０年代にまで遡られる論考もある。また、初期にブルーマーが最も影響を受けたのが、発達心理学や社会心理学でも「自己」論で知られる、ミード（G. H. Mead 1880-1941）だった。シンボリック相互作用論とは、ヨーロッパ大陸からの解釈学的哲学の導入以前にすでに生まれていた、アメリカ原産の、人間科学のための解釈学的認識論なのである。

アメリカ産だけあって、そして現場の人間科学者の手になるだけあって（ブルーマーの本来の専門は社会学であるが）、その論旨はハイデガーやガダマーにくらべて格段にわかりやすい。そのわかりやすい論旨をさらにわかりやすくするために、箇条書きにして表8―1にまとめよう。

この最後の⑦でも窺えるように、ブルーマーは、社会科学・社会心理学における、当時の「標準的方法」に対して、徹底的な批判を加える。特に、仮説演繹法と操作的手続き（つまり操作主義に基づく手続き）への批判は、これらが本書ですでに、科学的心理学のバックボーンとして言及されているだけに、どのような批判かは興味のあるところだが、あいにく本章ではこれ以上、紙面を割けない。最後にまだ、ガダマーという大物が残っているからだ。さいわい、私はこれについて、最近、他のところで、これ以上ないというほど簡潔かつ要をえた紹介をすることができたので、そちらを参照してほしい（巻末ブックガイド（プロローグ）にある『質的心理学ハンドブック』中の拙論）。

◆表 8─1　7 か条としてまとめられたブルーマーのシンボリック相互理論

①人間は「自己」を持つ。自己を持つとは、自分自身を対象化し、コミュニケートすることを意味する。
②自分自身を対象化することは、ミードのいう役割取得の過程によってなされる。役割取得（role taking）を説明するためには、プレイからゲームへという段階的な説明概念が用いられる。プレイの段階では、特定の他者の役割取得が行なわれる。子どものごっこ遊びなど、自分ではない他者の役割をまねて遊ぶ中に、他者の役割の認知と理解がみられる。ゲームの段階では、集団全体の中での役割取得が行なわれる。集団内の共通目標との連関で自己の役割を位置づけるということがなされる。そしてこのようなプロセスを経て、やがて社会一般の期待や規範の内面化がなされることになる。ミードはこれを特に、一般化された他者の役割取得と呼んだ
③自己との相互作用と云うメカニズムを備えることで、人間は行動主義者がいうところの刺戟に対する反応を行うのではなく、自分が直面した物事を解釈し、この解釈に基づいて自分の行為を組織立てるようになる。
④行為の研究は、行為者の立場から、すなわち、その行為にとっての状況を、行為者がそれを見るように見ることで、行われなければならない。これは、いわゆる客観的アプローチの対極に位置するものである。
⑤対人的相互作用は非シンボリックなものとシンボリックなものがあるが、シンボリック相互作用は解釈と定義とから成っている。
⑥解釈とは、他者の行為や言葉の意味を、たとえば、「礼儀正しい」と解釈することである。解釈には必然的に、価値判断が伴う。定義とは、自分がどう行為しようとしているかに関する指示を、他者に伝達することである。
⑦社会的世界はシンボリックな相互作用によって構成されていて、物理的世界を観察すること同じ意味では直接には観察できない（これは前節で一瞥したギアーツによる文化の特徴づけと一致する）。したがって、数量化や仮説演繹法に基づく検証や操作的手続きといった標準的方法は、社会科学と心理学には不適切である。

ともあれ、シンボリック相互作用説の流れは、弟子筋のゴフマンらを通じて、社会学におけるラベリング理論や、さらにはエスノメソドロジーの発展へと影響を与えた。もちろん、質的心理学の発展にとって特筆すべきは、すでに述べたように、シュトラウスを通じてのグラウンデッド・セオリー・アプローチへの影響だった。ブルーマーは研究技法を具体化したわけではなかったが、それを実現したのがグラウンデッド・セオリー・アプローチだったと見なすことができる。特に、ブルーマーが厳しく批判した仮説演繹法に替わり、仮説生成型の具体的研究技法を提案したところに、この方法の意義と普及があった。

8・4 認識論的解読格子による解釈学的転回への一回目の評価

本章では、60年代から70年代にかけての人間科学における解釈学的転回を、三つの例にもとづいて概観してきた。

第一に、クーンやテイラーなど科学哲学者による、認識論的議論である。

第二に、ギアーツの解釈学的人類学である。

第三に、ブルーマーのシンボリック相互作用説である。

ここで、本節独自の認識論的解読格子によってこの転回を評価しよう。図8―1で、科学的心理学の認識論（操作主義）からの「移行」を矢印で記した。まず、クーンがテイラーに対して不平を鳴らしたように、解釈学的転回はあくまで人間科学の枠内のことであって、自然科学との違いが強調される結果となっている。これについてはブルーマーでも同様で、説明／理解の二分法自体は温存した上

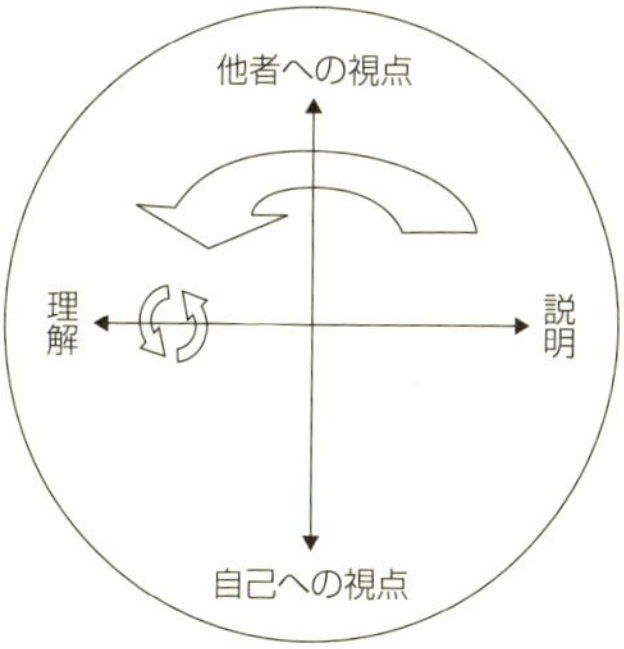

◆図8—1

での、前者から後者へのパラダイム移行と言える。

次に、「理解」の軸の周囲を回転する矢印は、研究者が他者である研究対象者の意味ある行為（＝表現）を、シンボリック相互作用論の要約④にあるように、行為者自身の視点で解釈するという、他者視点と自己視点の往還運動を意味する。これは、第6章で述べた、他者の表現に感情移入することでその体験を内側から明らかにすると云うディルタイ流の理解の場合と、基本的に変わらない構図である。

この構図には隠された前提がある。それは、研究者は対象である他者の視点に立つことが可能ということである。その結果、研究対象としての他者は自分自身の視点を、つまり「自己」を持ち、他者でもあり自己でもあるが故に、「人間一般」を構成する、という隠された帰結が来る。「人間一般」は決して現象しないという、人間科学にとっての躓きの石は、こうして回避されたように思える。けれども、これは、人間についての反省以前の常識的観念（＝人間の箱型モデル）に戻っただけである。正直言ってこれでは、わざわざ解釈学的転回というほどのこともないような気がする。やはりここで、ガダマーに再登場してもらわねばならない。

8・5　ガダマー——解釈学的転回の射程

じっさい、ガダマーこそは現代における解釈学的転回の担い手といわれ、『真理と方法』が出た

1960年いらい、哲学のみならず、美学芸術学、文芸理論、そして社会科学における質的研究と、その影響は徐々にしかし確実に浸透しつつあるのだ。その割に日本では、フーコーやデリダといったフランス系の現代思想や、同じドイツの年少のライバルであるハーバーマスにくらべてさえも、一般にはあまり知られていないのはどうしたわけか。私なども、本章の冒頭に書いたように、前の世紀の末になってようやく、クーンからテイラーへと糸を逆にたどってはじめて、ガダマーに行き着いたくらいだ。主著『真理と方法』が大部すぎて、三分冊とした訳が出そろうのが遅れた、ということもあるのかもしれない。そんな大著を手際よく紹介できるわけもないので、ここでは、人間科学における理解と解釈の本質を、芸術作品の鑑賞を分析することで説明している部分に限って紹介しよう。

私たちは、公平無私な傍観者として芸術作品を客観的に理解するのではない。観劇を例にとれば、観客は公平な立場にあるのではまったくなく、いわば役者とともに芝居に参加しているのだ。アリストテレスが有名な悲劇論で述べたように、「演技にはそれを見る者が本質的に属している」。こうしたことは上演のたびに起こり、しかも一度として同じ仕方で起こることはない。芸術作品はけっしてそれ自体が客観的対象ではなく、したがって上演の仕方もその解釈も、上演のたびに異なったものになるだろう。

芸術作品と同様、人間科学におけるテクスト文献一般の意味を理解し解釈するにあたっても、素朴な客観主義の誘惑を退けなければならない。テクストを理解するうえで、私たちが中立的で客観的であることはありえないだろう。あるテクストを理解することは、自分自身の状況から出発して理解する以外のものではない。その状況というものも歴史の産物なのだ。何かを理解することは、自分自身の状況の中にそれを再演し、自分自身の問いへの答えを得るためにそれを言わば訊問することである。この、いってみれば弁証法的な質疑応答の過程で理解されたテクストの意味が、元のテクスト作者の意図と一致する必要はない。★1

★1：ガダマーがここで人間科学（精神科学）として主に念頭に置いているのは歴史学であるが、現代の質的研究で一般にみなされているように、書かれた文献だけでなく各種の映像記録や町の道路標識にいたるまで、表現行為の記録すべてをテクストとみなすならば、人間科学一般にも通用するものである。

ここで、ガダマーを少し離れて例を採り、『ハムレット』の劇（映画でもよい）で、オフェーリアが泣いているのを見るとする。私たちはオフェーリアの悲しみを自らの悲しみとして涙を流すかもしれない。つまり、私たちは感情移入する。けれどもここで、いったい誰に感情移入しているのか、という問題が持ち上がる。オフェーリアを演じている役者に、というわけではない。作者のシェークスピアにか。それも違うような気がする。シェークスピアの脳内に作られたフィクションとしてのオフェーリア像にか。そもそもシェークスピアは実像がはっきりしない（二人いたという説もある）。『イーリアス』や『古事記』のような、本当の作者が不明である作品の中の架空の人物にさえ、しばしば感情移入することを思えば、問題はいよいよ困難さの度合いを増す。他者の実在的な体験へと感情移入するのが理解だというディルタイ的精神科学の理解概念は、こうして破綻せざるを得ない。ガダマーの答えはすでに紹介したとおりだ。弁証法的な質疑応答、などと難しい言い回しをしているが、思いっきりひたらくいえば、意味理解とは対話によって作られるものだ、ということになる。しかも対話は、真空の中で進行するわけではない。先行‐理解を出発点とし、状況の意味を解釈しつつ状況を構成しなおしてゆくという解釈学的循環の過程にあるのだから。

8・6　認識論的解読格子による解釈学的転回への二回目の評価

ようやく解釈学的転回の意義が分かってきた。図8―1はいまだ転回以前だったのだ。新たに認識論的解読格子で評価しなおしたものを、図8―2として描こう。図8―1と比べて何が変わったかというと、まず、自己視点と他者視点の間の往還運動がなくなった。その代り、〈説明〉から〈理解〉への移動の矢印が延長され、先端に稲妻型がついている。この稲妻は、〈他者への視点／自己への視点〉という視点の対立軸への無効化攻撃を表しているのである。

じっさいには、意味理解は対話によって作られるというまとめ方は、単純すぎるというものだろう。

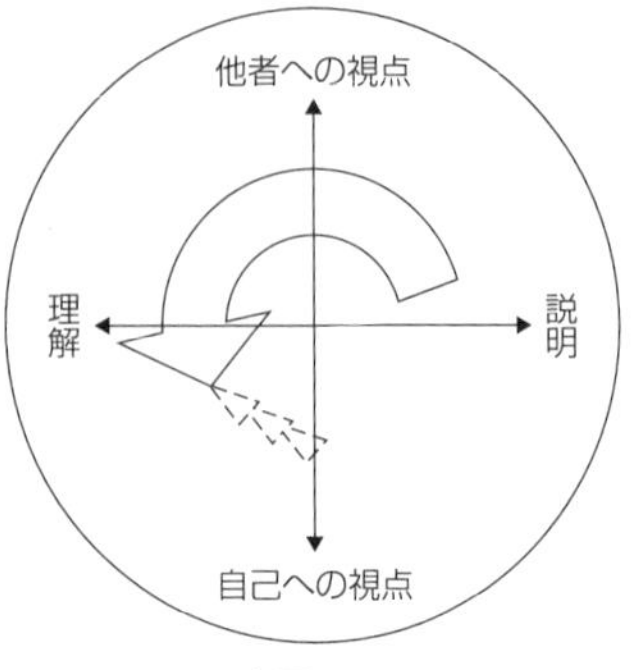

◆図8―2

ガダマーはまた、芸術作品の鑑賞とゲームへの熱中が似ていることを指摘する。両者とも、日常的な現実をいったん離脱して、新しい現実の中に踏み入ることを必要とする。しかも、ゲームに参加することは、ルールと言う規範に、権威として服することを意味する。芸術も、ゲームも、そして言語もまた、個人が左右できない規範に服従しない限り、理解することも演じることも使いこなすこともできない。そのように、ゲームのルールは個人を超えたものだが、ルールを守ってなされる個人の行動の中にしか存在しない。人間科学における意味理解もまた、個人を超えた規範に服従しつつ、解釈者と解釈対象との対話のなかで循環的に形成されてくるものなのだ。

ゲームのメタファーが出てくるところで、ガダマーの議論は、次の章で扱うウィトゲンシュタインの言語ゲームの説に接近するように思われる。正直言って両者を比べると、例を主に歴史と芸術に採って博引傍証で議論を進めるガダマーよりも、「他人の痛みはどのような意味で存在するか」といった具体的な例を採って精緻な分析を進めるウィトゲンシュタインの方が、私としてははるかにわかりやすいし、射程距離も長いような気がする。そこで、図8－2では、視点の対立軸への無効化攻撃を示す稲妻は、点線にしておいた。これが実線になるか否かは、次章の問題としておこう。

第9章

言語論的転回

本書もいよいよ、山場にさしかかる。第6章の末尾を振り返っていただきたい。そこでは、「質的心理学がリヴァイバルするには論理的に言って次のよう道筋がありうる」として、「解読格子の構成で前提とした〈自己／他者〉という区別への批判によって視点の対立軸を無効化する方向」が、潮流として生したはずだとしたのだった。そのような方向性はすでに、ガダマーによる解釈学的転回のなかにも見られた。けれども、より明確には、ウィトゲンシュタインの言語ゲームの議論のなかに見られる。この議論こそが、言語論的転回の潮流に最も大きな影響を与えるのである。本章では、9・1節で、視点の対立軸が心理学認識論にどんな意味を持つかを、簡単におさらいする。次に9・2節で、ウィトゲンシュタインによる、〈自己／他者〉区別の問題への解決をかいつまんで紹介する。9・3～6節では、この方向性に沿って発展している現代の質的研究の潮流である社会的構成主義と言説分析を紹介しつつ、認識論的解読格子による評価をこころみる。

結論から言ってしまえば、言語論的転回の流れでは、「コトバ」は「こころ」を指示するのではない。「コトバ」が即、「こころ」なのだ。だから、心理学の対象もコトバであり、コトバを記録した〈テクスト〉であり、したがって、〈自己と他者〉の区別といった問題は、そもそも問題にならない、ということになる。この結論の問題点もまた、本章の後半、9・7～11節で指摘しておいた。

9・1　問題のおさらい

知り合いの花子が、歯が痛いと訴える。私もまた、歯が痛い。第3章でみたように、行動主義的な科学的心理学では、科学的研究の対象としては、「他者」である花子の方の痛みを選ぶように、認識論的決断をしたのだった。それゆえ、物理学主義の立場に立って統一科学運動を進めた論理実証主義哲学者ヘンペルがしたように、花子の歯の痛みは、次のような物理的事実に関する言明で表現されることになる（金杉武司「哲学的行動主義」（巻末ブックガイド中の『心理学の哲学』（pp. 92-106））より、一部改変引用）。

a. 花子は呻き、これこれの身振りをする。
b.「どうかしましたか？」という質問に対し、花子は「歯が痛いのです」ということばを発する（ことばもまた、「ハガイタイノデス」という音列として、物理的事実として扱われる）。
c. より詳細に調べることで、虫歯が発見される。
d. 花子の血圧や消化作用、反応速度にこれこれの変化が生じる。
e. 花子の中枢システムでこれこれの過程が生じる。

ところがこの認識論的決断によって、私の痛みの方は、主観的経験、体験としては、存在しないことになってしまう。私の痛みもまた「他者への視点」の下に観察され、花子の痛みと同様の定義を受けるからである。けれども、私にはどうしても、自分の痛みは物理的事実でしかないとは思われないので、〈体験〉を研究対象とする現象学の領分へと駆け込むことになる。こうして、行動主義的もしくは生物学的な意味での科学的心理学と、現象学系の心理学とは、お互い無関係にとどまってしまう。これが、視点の対立軸という、心理学・心の科学における認識論上の難問である。

ウィトゲンシュタインはこの難問に、どのように挑んだのだろうか。

9・2　ウィトゲンシュタインと言語ゲーム

ウィトゲンシュタインの哲学は、大きく前期と後期に分けられる。前期の代表作が『論理哲学論考』（野矢茂樹（訳）2003　岩波文庫　（原著 1922））で、彼の唯一の公刊された著書になった。このなかで唱えられているのが、命題の写像理論である。たとえば「ソクラテスは人間である」「黄金の山が存在する」といった要素的命題は、世界の事態の各要素に対応するかしないかによって決定される「真理値」を持つ（真理値は真か偽かの二値をとる）。つまり、世界の基本的要素事態は言語に写像されることができる。複雑な命題の真理値も、構成要素である原子的命題の真理値をもとに、論理計算によって決定される。だから、世界の事態の構造すべてが、言語の論理的構造に写像される、ということになる。

この理論は、当時、マッハ協会の下にウィーンを中心に活動を始めていた初期の論理実証主義者たちに、大きな影響を与えることになった。個々の命題の真理値は、観察による「検証」か、数学的に演繹されるかで決定される。一見、直接検証できそうもない抽象度の高い仮説的命題であっても、要素命題の真理値を元に論理計算によって真理値を導出することができる。どんなに考えても真理値を決定する方法が見いだせないような、伝統的に形而上学に溢れていたような命題は、世界の事態のどんな写像でもなく、端的に無意味である。論理実証主義が盛んだったころには、ウィトゲンシュタインもまた、このような路線にそって理解されていたのだった。

ところが、1930年代の半ばから、ウィトゲンシュタインは上記のような自分自身の理論を批判し始めた。死後に出版された後期の代表作『哲学探究』[★1]では、彼は、個々の命題は互いに独立していて、その真理値や意味は個別に調べることができるという前提を批判している。なぜなら、個々の命題の真理値や意味は、命題の全体系に属しているからである。

★1：ウィトゲンシュタイン『哲学探究』藤本隆志（訳）1976　大修館書店（Wittgenstein, L. 1953 *Philosophical investigations.* Oxford: Bassil Blackwell & Mott. Ltd.）

こうした問題と取り組んでいるうちに行き着いたのが、ゲームとの類推だった。言語というのはチェスのようなもので、単語はチェスの駒のようなものである。一つのチェスの駒はゲームの文脈とその動きにおいてのみ意味を担う。同様にある一つの単語は、それが使われる「言語ゲーム」の文脈においてのみ意味を持つ。どちらのゲームも規則を守ってプレイしなければならない。そして、規則とは、プレイする者とは独立の実在物ではなく、作りだされるものなのである。言語ゲームはまた、私たちの生活形式の一部である。

言語ゲームの構想はまた、語の意味とは言語内におけるその使用のことであるという、意味の使用説と一体になっている。店主が「赤いリンゴ五つ」と書いた私のメモを理解したかどうかは、その人が次に取る行為によって明らかにされるであろう。単語や文は文脈においてのみ意味を得る。そして、文とは、主張したり、命令したり、質問したりするための道具として使われものである。したがって、意味を理解するためには、「生活形式」の習得が必要となる。意味とは生活形式の一部としての言語ゲームによって担われるのであり、そしてゲーム自体は真であったり偽であったりすることはありえない。ゲームは、事実という基礎の上にあるのではなく、逆に事実を構成するのである。

また、この本の終りで、ウィトゲンシュタインは、心理学についても次のような文章を書き残している。

> 心理学の混乱と不毛は、それが「若い科学」であるということでは説明されない。その状態は、たとえば初期の物理学の状態とは比較できない（むしろまだ数学のある分野とならば。集合論）。すなわち、心理学においては、実験的方法と概念の混乱が存立している（もう一つの場合には、概念の混乱と証明方法が存立しているように）。
>
> 実験的方法の存立は、自分たちを不安にしている諸問題を処分する手段を、自分たちが持っている、と信じさせてしまう。問題と方法がそり返って互いに行きちがってしまうのに。（p. 462）

それなら、心的概念について、また心という概念そのものについて、どう考えればよいのか。「それなら、心はなくてただ体だけあるのか」、と反問されよう。「答、「心」という語には意味がある、すなわち、我々の言語の中である用法を持っている。だがこう言ってもまだどんな用法でそれを使うのかを言ったことにはならないが」（『青色本』（巻末ブックガイド参照）p. 160）。

社会的構成主義は、ウィトゲンシュタインのこのような心理学批判、心的概念批判を出発点のひとつにしている。私たちが「悲しい」だの「期待する」だのといった心的概念を使うのは、他者を非難したり、賞賛したり、協議したりすることで、なにごとか実践的目的を遂げようとするために他ならない。すなわち心的概念とは、言語ゲームの中で実践的概念として社会的に構成されたものである、というのが社会的構成主義の答えであった。

9・3　社会的構成主義

社会的構成主義については、バーによる概論書『社会的構築主義への招待』（田中一彦（訳）1998 川島書店（原著 1995））、社会心理学における代表的な社会的構成主義者ガーゲンの『あなたへの社会構成主義』（巻末ブックガイド参照）などが邦訳されるなどもしている。本項では、概観はそれらの文献に譲り、社会的構成主義の認識論的基盤に話をしぼって紹介する。

社会的構成主義の認識論的な源泉には、ウィトゲンシュタインの言語ゲーム論以外にもいくつかあげられるが、分析哲学者オースティン（John L. Austin 1911–1960）によって創始された言語行為論も重要なひとつだ。

今はだいぶ変わっているようだが、私たちが中学生の頃の英語の教科書といったら、〝This is a pen〟という文章と、ペンの絵とで始まるのが普通だった。このような英語教育の在り方がその後、批判されるようになったのは、このような文章は日常ではまず絶対に使われないからだ。実生活の上で「ペン」という言葉を発したらそれは、身近に居る人に対して「ペンを取ってくれ」という依頼もしくは命令か、「ペンはどこにあるのか」という質問なのである。コトバとは対象を指示するものではない。命令や依頼や質問や非難や交渉や瞞着や懐柔や称賛といった、実践的目的のための行為なのである。ウィトゲンシュタインの意味の使用説を想起すれば、コトバは行為を指示するのでもなければ行為のために用いられるのでもない。言語は端的に、命令や依頼や質問や非難といった実践的な対人行為なのである。

このように、コトバとは対人的行為（つまり社会的行為）であるという言語行為論に立脚すれば、すでに触れたように、「意図」だの「期待」だの「悲しみ」だのといった心的概念の正体もまた、明らかになる。たとえば、「来年はイギリスに行く」と家族や友人に「意図」を述べるとき、私たちは、自分の内部や脳をのぞき込んでそうするのではない。自分のしようとしていること（＝意図）を、他者の支援や賛同をえるために話すのである。★2

★2：Button, G., Coulter, J., Lee, J. R. E., & Sharrock, W. 1995 *Computers, minds and conduct.* Oxford: Blackwell. p. 36-37.

このように、心的概念が、実践的目的のために言語的「社会的」に構成されたものである以上、社会学や社会心理学において一般に用いられている、ジェンダー、攻撃性、自己、情動、統合失調症、子ども、母性愛などの概念もまた、「社会的人工物」であり、歴史的に人々の間で行われてきた相互作用の産物となる。社会的構成主義者は、客観的で普遍的であると想定されているこうした知識の基盤を分析し、掘り崩す。それらが社会的・道徳的・政治的・経済的な諸制度によって生み出され維持されていることから、彼らは異文化心理学的・民族誌学（エスノグラフィー）的な研究にも関心が深い。心理学的理解は物や事柄の性質に依存するのではなく、伝達・衝突・交渉など変遷する社会的過程に依存している。心理学的理解とは、賞賛や非難や責任の回避や報酬や罰を受けたり検閲をしたりするための道具のようなものなのだ。

それゆえ、ガーゲンら社会的構成主義者は、心理学（これは自然科学でなく社会科学に他ならない）には客観的理解などというものは存在しないと考える。「実在は交渉して変容することが可能」であり、何が実在するかは社会が合意するところに依存する。彼らが支持する解釈学的な社会科学とは、「過去に存在した実在のための地図作成装置」などではなく、「経験を知的に理解可能にし、経験に意味を与える」理論である。かくして、何が事実で何が真または偽なのかという認識論的基準は、共同体の内部で構成されたのである以上、心理学など社会科学には、経験的根拠を与えることができない。[★3]

★3：Gergen, K. 1991 Emerging challenges for theory and psychology. *Theory and psychology*, 1, 13-35.

9・4　言説分析――心理学の対象はテクスト（叙述された記録）とディスコース（言説）？

社会的構成主義の流れのなかで具体的な技法化を発展させているのが、言説分析（discourse analysis）を中心とする、言説的アプローチである。

言説分析には、フランスの哲学者フーコーの影響を受けたフーコー派言説分析と、会話分析や後に説明するエスノメソドロジーの影響を受けた英米系の言説分析がある。[★4] フーコーまで手を広げるわけにもいかないので、ここではもっぱら後者に話を絞る。

★4：鈴木聡志『会話分析・ディスコース分析』（巻末ブックガイド参照）では、「言説」の語はフランス語のディスクール（discour）の訳語として取っておき、英米系ディスコース（discourse）をカタカナのまま使うことで両者を区別している。本書はカタカナ語をなるべく減らす方針なので後者をも「言説」で通すが、必要に応じて「言説」に「ディスコース」の仮名をふった表記も用いる。

((ダイゴのアパートにて))
01 ダイゴ：ユキエちゃんアメフト好き：：？((新聞を見ながら))
02 　　　(1.5)
03 ユキエ：アメフト：？
04 　　　(0.3)
05 ダイゴ：“ん：” “ん：”＝
06 ユキエ：＝ん：あんまり
07 　　　(0.6)
08 ユキエ：なんで：？
09 　　　(2.2)
10 ダイゴ：関学対 (0.6) 神大やってる.((新聞を見ながら))

◆図 9—1　会話分析の例

串田秀也　2010「言葉を使うこと」串田秀也・好井裕明（編）『エスノメソドロジーを学ぶ人のために』世界思想社

言説的アプローチの淵源の一つは社会学者ガーフィンケル（H. Garfinkel）が創始したエスノメソドロジーと、その方法としてサックス（H. Sacks）らが発展させた会話分析の手法にある。「エスノ（ethno-）」とは、「食べ歩きガイドブック」といった本に出てくる「エスニック（ethnic）」と語源が同じで、「風土や文化や習俗を共有する人びとの」といったほどの意味になる。メソドロジーは「方法論」だから、「ある習俗を共有する人びとが実践する固有の方法の研究」といった意味になる。ガーフィンケルはいう――「エスノメソドロジーとはある社会のメンバーがもつ、日常的な出来事やメンバー自身の組織的な企図をめぐる知識の体系的研究だ。」（『エスノメソドロジー』（巻末ブックガイド参照）訳書 p. 17.）

これでもまだよく分からないが、こう考えてみたらどうか。私たちは、「他人の胸の内は覗けない」筈なのに、主として会話を通じてお互いに理解しあい、主としてコトバを通じて、友人と待ち合わせて映画を見て食事をしてついでにケンカをして絶交して帰るといった、実践活動をつつがなく行っている。日常生活を営むための暗黙の実践知の体系がいかに膨大かつ精緻か、ふだんは意識されないが、コトバや風習の違う外国に行かないまでも、電車で隣合わせた女子高生の集団の会話が日本語として聞き取れても意味がさっぱり取れないことから、気づかれることになる。同じ日本語を話していても、ウィトゲンシュタインの言う「生活形式」が違えば理解は困難になるのだ。この暗黙の実践知を研究する方法として、日常会話をテープ起こしして分析する会話分析が始まった。

例をあげよう（図９―１）。

この例では会話分析独特のトランスクリプト記号が使われているので説明すると、コロン「：」は、音声の引き延ばしを示し、コロンの数が引き延ばしの長さに対応する。（1.5）というカッコは沈黙を示し、カッコ内の数字が沈黙の秒数を示す。「〝文字〟」は声が小さい部分を示す。行頭と行末の「＝」は、行末から行頭へと切れ目なく続いていることを示す。そして、01、02が発話者に対応している。

さて、この例についての串田の元々の分析に基づき、社会学者の山田富秋（「相互行為分析と談話分析」『質的心理学ハンドブック』（巻末ブックガイド（第10章）参照）p. 207）は、次のように問いかけている。

この会話ではダイゴが01で発話した後で、1.5秒の沈黙がある。この沈黙は誰の沈黙として聞こえるだろうか。公的な観察可能性に訴えれば、この沈黙はダイゴの沈黙とは見えない。むしろ、02のユキエが黙っていると端的にわかる。しかもただ黙っているのではなく、ダイゴの問いかけに応答していないのである。私たちはなぜこのようなことを一瞬にして理解できるのだろうか。

心理学者は、このような場合、心の中にある不可視の「思い」を、その外的表現である行動やコトバから解釈するという、二段階過程説を採りたがる。ところが、実際に私たちに起こっていることは、二段階の過程などではなく、「この会話の断片を一瞥しさえすれば、ユキエがダイゴの問いに答えていないことがすぐわかる。これが公的な観察可能性である。つまり具体的な会話場面という言語の実際の使い方をみれば、端的にその場面を理解できるのである。」(同頁)

そして山田は、こう続ける。「もしこれが正しいとしたら、2段階過程説が前提としていた、行動や言葉が内面(心)を伝えるという考え方も間違っているのだろうか。そのとおりである。この点は心理学専攻の読者には特に受け入れがたい可能性があるので、クルターとウィトゲンシュタインの考え方を紹介しながら、もう少し詳しく論じることにしよう。」(p. 207-298)

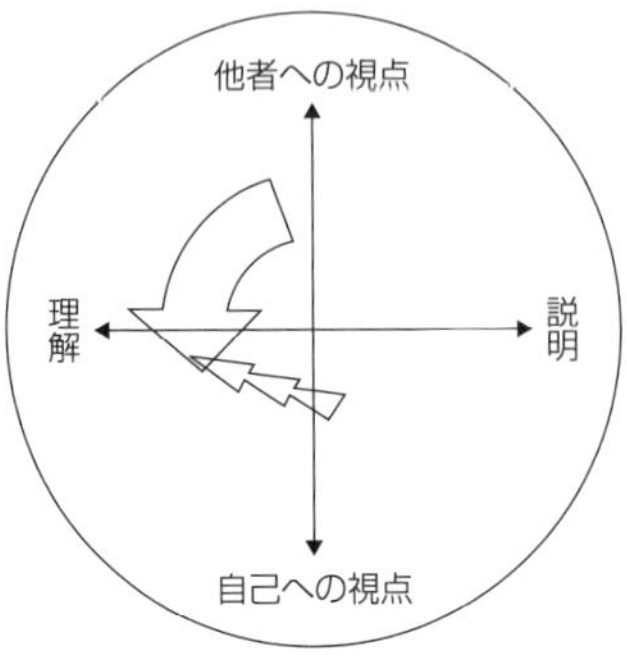

◆図 9―2

9・5 言語論的転回の認識論的評価

クルターとウィトゲンシュタインの考え方については、本章後半にあらためて取り上げることとして、心とはコトバのことであり、心理学の対象はテクストであるという、言語論的転回が行き着いた先鋭的な構想の一端がわかったことと思う。そこで、この構想を中心とし、言語論的転回を、図9―2のように認識論的解読格子上に表現しよう。

ガダマーの解釈学的転回でもすでにその兆しがあったが、言語論的転回では、〈自己への視点／他者への視点〉という視点の対立軸そのものを無効化しようと云う企てが、はっきりと認められる（図中の稲妻は、対立軸への無効化攻撃を示す。図８−２では点線だったが、実線化したことに注意）。現象するのは「自己」と「他者」であって「人間一般」ではないという心理学の隠れた難問に即して言えば、言語論的転回にとってこれは問題にならない。心理学の対象は「人間」ではなく「コトバ」であり、それを記録した「テクスト」なのだから。ウィトゲンシュタインの言語哲学を土台に社会的構成主義と言説分析の基礎付けを図った社会心理学者、ロム・ハレも言う。「心理学が関わるべき究極の実体（entity）はテクストである★5」。

★5：Harré, R. 1989 Language games and text of identity. In J. Shotter & K.J. Gergen (Eds.), *Texts of identity* (Pp. 20-35). Sage Publications.

9・6　〈私〉もまた、テクスト上に構成される

心理学の対象がテクストであるという意味をもう一度繰り返すと、それは、テクストの解釈を通じて「作者」の「内面」を理解する、といった二段階過程における「てがかり」を意味しているのではない。構造主義からポスト構造主義への移行の時期に影響力のあったロラン・バルトの「作者の死」（『物語の構造分析』　花輪光（訳）　1979　みすず書房　pp. 79-90（原書 1968））によると、テクストとはいったん書かれれば「真の作者」と云う意味でのテクストの主体は存在しなくなる。たとえば、ある人の結婚式に招待されていたが欠席した代議士から届いたメッセージを、代理で出席した秘書が読み上げる場合、「私と新郎との出会いは」と実際に口に出して言っている人物は、明らかにメッセージの中の「私」ではない。では、メッセージの作者が本物の「私」かというと、メッセージは実は

秘書の代作ということもありうる。つまり、メッセージの主体たる「私」は実在の人物とは対応しないフィクションだということになる。これは例外的なケースにすぎないのではない。言説の主体としての「私」が存在するための条件とは、自己の身体でもないし他者の身体でもない。「自己」もまた他の心的概念と同じく、言語ゲームの中で実践的概念として社会的に構成された概念なのだ。[★6]

★6：Cf. 小松栄一　2002「心の科学のリミックス」『心とは何か——心理学と諸科学との対話』（巻末ブックガイド参照）pp. 271-288.

この点を、再びハレの言葉を借りて明らかにしよう。「自己意識を持つとは、自己帰属というある種の言語ゲームを演じる能力をもつということである」[★7]。噛み砕いていえば、「見る」「聞く」「考える」といったコトバを「私が」という主語の述語に帰属させるという、言語ゲームを演じる能力をもつということである。そもそも、「私」とは「ここ」「今」と同様に、文脈が異なれば意味が違うという「指標詞」（indexical）であって、話者（speaker）を示す語である。したがって、本書の第一章で「私は人影が近づくのを見る」（p. 17）とあるのは、「話者は人影が近づくのを見る」と言い換えれば、なんら神秘的な「認識主体」といったものが見るのではないと分かるだろう。それがなぜ、デカルト的自己のように実体化されるかといえば、ハレによれば、「私が見る」といった言明が、元々、責任の帰属先を示す倫理的実践的言明だからだ。村人の誰かがタブーを犯した現場を見た人間は、告発に当たって「私が見た」と、自分の胸を指差して主張する必要があった。かくして文法的概念だった「私」の語が、身体の中の何か実体（entity）を指示するようになった、というわけである（★5文献も参照）。

★7：Harré, R. 1985 The language game of self-ascription. In K. Gergen et al. (Eds.), *The social construction of the person.*

(pp. 259-263.) NY: Springer-Verlag.

付け加えるならば、心理学の対象としてのテクストとは、記述された文書記録だけでなく、描写され叙述された映像記録も含む。ここで、カウンセリングにおける来談者のコトバや表情も、記録するまでもなくカウンセラーとってのテクストであり、しかも「作者」としての主体が明らかなテクストではないか、という疑問が出るかもしれない。けれども、心理学的実践と、その反省の学的営みとしての――つまり「科学」としての――心理学研究を区別すべきだろう。心理学的研究の対象となるのは、来談者だけではなくカウンセラー自身の言葉をも含んだ両者のやり取りの、「会話」の、テクストなのである。記録テクストとなってはじめて、科学的「観察」の要件（必要条件）の一つとしての、「公共性」（だれでもくりかえしアクセスできる）が備わるのである。そしていったんテクストになれば、そこにはもう、作者の特権性はない……。

言語論的転回が、視点の対立軸への無効化攻撃に帰着したということの意義は、これでかなり明らかになったに違いない。けれども、議論が強引で納得しかねる、という読者もいるかもしれない。実は私もその一人だ。そこで本章の残りを、より一層突っ込んだ議論に充てよう。かなり哲学的な内容になるので、ナラティヴ・ターンの話を先に読みたいという読者は、以下はとばして第10章へと進んでも構わない。

9・7　私的言語批判

「自己」を社会的構成概念に解消することは、痛みのようなクオリア（感覚質）が自分自身にしか与えられない以上、不可能ではないかと言うのが、これまでの議論の納得のできないところだろう。けれどもウィトゲンシュタインによると、痛いと云う言葉は、他者にはアクセス不可能なその人の感覚質を「意味」しているのではない。言葉の意味とはその使用のことなのだから。感覚を示す言葉が当人の私秘的な感覚質を指示するような言語を、ウィトゲンシュタインは私的言語と呼び、概念上の混乱に基づくものとして否定している。

「痛み」の例が出てきたが、痛みは典型的に私秘的な感覚質《クオリア》に属するように思われる。痛みの感覚は私にしか分からない。だから、「視点の対立軸」で言えば、「自己への視点」を採ることによってしか報告できない。「他者への視点」を採って観察される、叫びやうめき声や血圧と心拍率の上昇や、さらには脳神経イメージングによって観察される脳内過程など、いくら公共的に観察可能な事象を集めたとしても、それら自体は私の痛みではない。——このような考え方に対して、ウィトゲンシュタインは、『哲学探究』のいたるところで反駁を試みている。たとえば、最もよく引用される一節はこうである。

> ことばはどのように感覚を指し示すのか。——ここには何ら問題などないように見える。われわれは毎日のように感覚について語り、それらを名指してはいないだろうか。だが、どのようにしてその名と名指されたものとの結合がつくり出されるのか。この問いは、どのようにしてひとりの人間が感覚の名の意味を学ぶのか、という問いと同じである。たとえば「痛み」という語の意味。ことばが根源的で自然な感覚の表現に結びつけられ、その代りになっているということ、

これは一つの可能性である。子供がけがをして泣く。すると大人たちがその子に語りかけて、感嘆詞を教え、のちには文章を教える。かれらはその子に新しい痛みのふるまいを教えるのである。「すると、あなたは、〈痛み〉という語が本来泣き声を意味している、と言うのか。」――その反対である。痛みという語表現は泣き声にとって代っているのであって、それを記述しているのではないのである。（訳書　pp. 177-178）

この引用だけでは、子どもがどのように「痛い」という語の適切な使用法を学ぶかの説明になったとしても、たとえば、子どもが精神発達の過程で、あらためて「痛み」の語を私秘的な感覚質に適用し直すといった可能性まで、封じ込めることはできないように思える。ウィトゲンシュタインという人は、痛みという現象によっぽど問題性を感じたらしく、『哲学探究』のいたるところで論じているが、この本が多数の断章から成るという構成上の問題もあって、かれの真意がどこにあるかを、かいつまんで要約するのはきわめて難しい。また、今まで取り上げてきた社会的構成主義者たちも、この点の説明は十分ではないように見える。そのなかでは、ウィトゲンシュタイン派のエスノメソドロジストを自認するクルターが、この問題を集中的に論じているので、参照しよう。

9・8　ウィトゲンシュタイン派エスノメソドロジーにおける私的言語批判

……人間の経験がなんらかの知識の対象として、わたしたちの近づきうるものであるのは、ひとえに、社会的な手続きにしたがって言語の訓練がなされるからにほかならない。もちろんわたしたちは、言語を習得する前から、経験をしているかもしれない。しかしながら、自然言語の概念資源についての訓練を受けることなしには、主観的経験の知識をえることができない。したがって純粋に「私的な」経験が知識の対象となりうるという考え方は、維持しがたい。（クルター『心の社会的構成』西阪仰（訳）1998 新曜社 p. 126f）

……痛みのような基本的経験のばあい、わたしは痛みを観察することはできない。わたしは痛みを持つことができるだけである。……わたしは、自分の痛みを「観察する」とき誤ることができない。しかし誤ることが論理的にできないならば、観察という概念自体はもはや通用しえない。（p. 127f）

つまり、こういうことである。知識は観察にもとづく。ところが痛みのような純粋に私的な経験は論理的にいって誤ることができない（痛みを感じていると思ったが、よく観察したら痛みではなかった、ということはありえない）。だから、私的経験は経験的に真でも偽でもあり得るような「観察命題」を構成しないし、したがって知識にはなり得ない。

対照的に他人の痛みの方は、クルターによれば知識であることになるらしい。このあたりの説明は、日本人の手になるオリジナルな良書『エスノメソドロジー』（巻末ブックガイド参照）に詳しいので、引用しよう。

そもそも他人の痛みを知ることができないのだとしたら、知るべきだと考えたり、知ることができなくて困ったりすることはないはずです。よりはっきりいえば、知ることができたり、できなかったりするからこそ、できない場合に問題になるのでしょう。つまり「他人の痛み」という概念と「知っている」という述語とを結びつけて使うことができるからこそ、想像を絶する痛みをひた隠しにして耐えている人や、巧妙に仮病を訴える人を前にして、それこそが「知ることが難しい場合なのだ」と理解することができるのです。……泣いている子どもに、手をさしのべようとするとき、大人は子どもが「痛くて泣いている」のだということを知っていなくてはならないでしょう。そのときその大人は「痛み」という概念を（泣き声などの）公的な基準にもとづいて使えるのでなければなりません。ここではじめて、子どもに「痛み」という概念を教えることができるようになるのです。そして、このように「痛み」という概念を用いたゲームに参加できるようになることは、同時に、痛みを隠したり、痛いふりをしたりすることができるようになるということです。このゲームは「人は他人の痛みを知ることができる」という文法のもとで成り立っています。（p. 52ff）

よくできた説明だと思うが、読者はこれに納得できるだろうか。実は、ウィトゲンシュタイン派エスノメソドロジーにおけるこのような特異な知識観は、『哲学探究』の、次のような言葉を土台としたものに他ならない。

わたくしは他人の考えていることを知ることはできるが、自分の考えていることを知ることはできない。「わたくしはあなたの考えていることを知っている」と言うのは正しいが、「わたくしは自分の考えていることを知っている」と言うのは虚偽である。(p. 443)

この特異な知識観が、『哲学探究』以降の、晩期ウィトゲンシュタインの中心テーマとなる。といっても、晩期については断章からなる遺稿がまとめられて3冊の本になっているが、専門研究者でなければかみ砕くのはまず不可能だろう。ここでは、山田圭一(2009『ウィトゲンシュタイン最後の思考』勁草書房)によるすぐれた研究を導きの糸としよう。それによると、この特異な知識観は以下のようなものとなる。

①「私はしかじかと思っている」と、私は知っているのではなく、確信している。
②「彼はしかじかと思っている」と、私は単に推測するだけでなく、知ることができる。
(中略)ここでウィトゲンシュタインは「疑いの不在としての確信」が様々な言語ゲームの成立を可能ならしめているという、言語ゲームのいわば超越論的条件についての視点からこの問題を捉えようとしているのである。(p. 248f)

超越論的条件などと難解なことを言っているが、かみ砕いて、先刻からテーマになっている「痛み」の場合を例に採ると、次のようなことになるだろう。言語ゲームといえど、真空のなかで行われるのではない。さもなければ、たとえば「痛み」と「かゆみ」を組織的に取り違えたまま生涯を送る、ということになりかねない。自分が適切な仕方で「公的な基準」に基づいてゲームに参加していることが分かるのは、やはり、自分の痛みという疑いえない「確信」が、いわば「蝶番」となっているからに他ならない……。

ちなみに「蝶番」とは、言語ゲームを具体的なこの世界につなぎとめている、疑いの不在としての確信のことで、他に典型的な蝶番として「世界が存在する」という確信がある。この確信も不可疑であって、科学的知識とはいえない。

いずれにせよ、ここで、また新たな問題が生じるように思われる。「自分の痛みは知識でない」「他人の痛みは知識である」。その意味は分かったとしよう。けれど、ここで、同じ「痛み」で、自己の場合と他者の場合とで異なるという、言語ゲームにおける自他の非対称性という問題が残るのではないだろうか。『哲学探究』を過ぎた晩年になってもなお、ウィトゲンシュタインはこう述懐している。

> 人は次のように考えるかもしれない。「〈感じる〉ということばの（さらに他の心理現象を表わす動詞の）単一の意味が、一人称の場合の意味と三人称の場合の意味という異質の構成要素から合成されているのは、何と奇妙なことではないか」と（『心理学の哲学Ⅰ』佐藤徹郎（訳）1985 大修館書店　p. 23f）。★8

★8：もちろん、この科白は、「敵役」の言葉であって、ウィトゲンシュタインはそれを乗り越えようとしたのだ、といわれるかもしれない。けれども重要なことは、恐らくはウィトゲンシュタイン以外の誰も、このようなことをまともに書いたり考えたりしようとしなかった、ということである。

9・9 私的言語批判の批判のこころみ——発生論的誤謬

ところで、元々言語ゲームの説とは、現象世界における自他の非対称性を、つまり独我論を、克服するという問題意識があって、構想されたのだという（黒崎宏 2002『ウィトゲンシュタインと「独我論」』勁草書房）。けれども、完全な克服に、ウィトゲンシュタインは失敗しているのではないかと言う、重大な疑いを抱かないでいられない。どこでどうまちがえたのだろうか。

9・2のウィトゲンシュタインのコトバの意味とはその使用のことであるという、意味の使用説をむしかえすことになるが、重要なポイントだから、振り返ってみよう。「店主が「赤いリンゴ5つ」と書いた私のメモを理解したかどうかはその人が次に取る行為によって明らかにされるであろう」というくだりは、『哲学探究』の冒頭に出てくる。この本の執筆直前になされたというオックスフォード講義を死後に編纂した『青色本』（巻末ブックガイド参照）の末尾にもほぼそのままの形で出てくるが、そのあとに、次のような文章が続いていて考察に都合がいいので、引用しよう（★11の永井（2011）による示唆）。

通常、我々のまわりの事物には語で記された名札がついていて、我々の会話ではそれによって事物を指示するものと想像してほしい。その語には事物の固有名詞もあり、（机、椅子等の）一般名詞もあり、また色の名や形の名等々もあるとする。［それなのに］名札が意味を持つのはそれが特定の使われ方をする場合だけである。［こういう状況では］事物の名札を見るだけでそれに感銘して、その名札が大切になるのはそれを使うためだということを忘れてしまう、ということ

> は想像に難くない。そうなると、指差しの動作をして「これは……である」（直示定義の定式）といった言葉を出せば何かを命名したと思い込む、ということも起きる。「それと同じように」ある状況のもとで、自分の頬を指差して「これは歯痛である」と言えば、何ものかに「歯痛」の呼称を与えたのであり、その語はそれで、言語を使って行われる諸事万端の中での特定の機能を果たすことができる、と考えてしまうのである。（p. 159)

どうやら、ウィトゲンシュタイン風へリクツの源は、この辺にあるようだ。そもそも事物に名札が貼られていれば、その名が事物を指示すると思うのは当然ではないか。何かの使用目的で名札が貼られたとしても、使用が可能なのは名札が貼られ、その指示対象が理解されているおかげなのだから。また、指差しの動作による「直示定義」を批判しているが、私たちは外国語を学習するとき、すでに述べたような「This is a pen」は使わないまでも、「Can you give me a pen?」とか言って、教科書のペンの絵を指差して覚えたのではなかったか。具体的な会話という状況の中で単語を無意識のうちに覚えられれば理想だが、そのような機会には日本にいる限り恵まれないので、私たちは単語帳というものを作って語彙を増やしてきたのである。

ここで思いついたのだが、母語《ネイティブランゲージ》はなるほど具体的な使用を通じてまず身に付くとしても、子どもは、たぶん、4、5歳を過ぎたころから、外国語を学ぶような学習方式によって、母語を私的言語として学び直すのではないだろうか[★9]。言語は元々、公共的なものであったにせよ、いつの頃からか人類は私秘的な「内面」を指す用法を開発した。この用法が定着して高度化したのは、想像するに文字の発明がきっかけだっただろう。読み書きの習得によって人類は、他者との対面という公共的な場でなくとも、言葉を使うことが可能になった。人と会話を交わすことなく、何日も何十日も読み書きを通じてだけ、言葉とかかわっている人々を、私は知っている（私自身その一人だが）。

★9：4、5歳という年齢には一定の根拠がある。「心の理論」が成立するのが4、5歳ころであり、エピソード記憶の成立を元にタルヴィングのいうメンタルタイムトラベルが可能になるのが4、5歳ころであり、ナイサーの認知心理学的自己論でいう私秘的自己が成立するのが4、5歳ころであり、「内観」が可能になることが実験的に示されているのも、4、5歳ころである（渡辺恒夫　2011「パーソナリティの段階発達説――第二の誕生とは何か」発達心理学研究　22(4), 408-417.）。

言語は元々公共的なものだからといって私的言語を否定するというのは、口が元々食物摂取のための器官だったからと言ってそれがコミュニケーションの器官ともなっていることを否定するようなものではないか。このような、発生的に元になっているからといってより「根源的」意義があると短絡させてしまう論法を、ここでは「発生論的誤謬」と呼んで注意をうながしておきたい。

9・10　ウィトゲンシュタインにかつがれないこと

ウィトゲンシュタインほどの鋭利な頭脳が、意味の使用説に――それゆえ言語ゲーム説にも――ひそむ強引さに気付かないはずがない。私は以前から、後期ウィトゲンシュタイン哲学に、信用ならぬものを感じていた。みずからの独我論を自分自身に対して隠蔽するという、隠れた動機のもとに展開されたのではないかという、疑いを持っていたからだった。

そもそも前期の代表作『論理哲学論考』の最後の断章群では、独我論者であることを、いわばカミングアウトしているのだ。

五・六二……独我論の言わんとするところはまったく正しい。ただ、それは語られえず、示されているのである。★10（野矢訳　p. 115）

★10：サール（2006）は、「有名な哲学者で独我論者だったものはいない」（『マインド――心の哲学』山本貴光・吉川浩満（訳）朝日出版社　p. 38）などと、哲学者らしからぬ理由で独我論を退けているが、ウィトゲンシュタインの一例だけでも、これが間違いだということは明らかだろう。

ところが、これと対照的に、20年後の『哲学探究』では独我論は、治療すべき形而上学的病い、という扱いになっている。その論述のスタイルも、対話篇の形式になっていて、対話者の方が（私的言語を含む）独我論的な主張をし、ウィトゲンシュタインの方が、意味の使用説によってその主張が無意味であることを説く、という構成になっている。「過去」と「現在」の、二人のウィトゲンシュタインの対決というわけだ（ちなみにこのような構成は、前述の『青色本』ですでに、むしろより鮮明に現われている）。

私が不信感を覚えたというのは、「現在ウィトゲン」の方が、それこそ詭弁に入り込むのも顧みないようななりふり構わぬ勢いで「過去ウィトゲン」論駁に熱中しすぎていて、なにかそこに個人的な隠れた動機と言ったものを感じてしまったことだった。おまけに他方では、対話者である「過去ウィトゲン」は、サンドバックの役で出演しているにもかかわらず、その当時としてはあまりに独我論の深い意味に通暁しすぎているような印象を受けた。むしろ、「過去ウィトゲン」にこそ、ウィトゲンシュタインの、自身に対しても隠蔽しようとした本音があるのではないか、と思ったのだった。だから、機会が与えられた時、私はこう書いたのだった。

……類的自己の自明性［引用者註　自己が多数の人間たちの一人であることのあたりまえさ］が壊れてしまった哲学者の代表が、ヴィトゲンシュタインだろう。この壊れを自ら隠蔽せんとして言語ゲームなるものを作り上げ、自明性の破れなどにはさして縁のなさそうな大勢の哲学者や人間科学者を、今なお、たぶらかし続けている、というのが、私の穿った解釈だ。（渡辺恒夫　2008「構造構成主義か独我論的体験研究か――主客の難問 vs. 自他の難問」構造構成主義研究　2, 111-133.)

私は別にウィトゲンシュタインを専門的に研究したわけではないが、この考えは今でも基本的には変わっていない。★11

★11：ウィトゲンシュタイン研究者の側からの、示唆的な見方の例を紹介しておく。「他者の他者性を、直接に隠蔽する言説」（崎川修　2001「心・他者・言語ゲーム」『心とは何か――心理学と諸科学との対話』（巻末ブックガイド参照）pp. 304-326）、「［青色本は］悪質な詐欺文書」（永井均　2011『ウィトゲンシュタインの誤診――「青色本」を掘り崩す』ナカニシヤ出版）。なお、前述の黒崎（2002）も、私的言語の対象であるクオリアの位置づけに悩んだあげく、西田哲学的「「絶対矛盾的自己同一」な或るもの」（p. 97）に行き着いてしまっている。

9・11　まとめ

私的言語批判に納得がいくかどうかは別として、ひとつだけ分かったことがある。科学は（つまり心理学のことだが）「知識」を扱うのである。ところで、以上の議論のように、ウィトゲンシュタインやその影響を受けた人間科学者にとって、痛みなど他者の心は、身振りなど「自然言語」をも含めた広い意味の言語ゲームのなかでだけ、知ることができ、「知識」とすることができるのだった。行動主義流の、物理的命題に還元して痛みを理解するなどと言う、迂遠な方法に訴える必要はまったくない。

したがって、他者の心は、（身振りなどの）自然言語を含む広義のコトバとして、科学的に研究することが可能である……。

他方、自己知は疑えない。だから「知識」ではなく、科学の対象にはなりえない。だから無視する、というか、自己の痛みも、訴えといった対人的社会的文脈に乗せられる限りで、心理学という「科学」の対象になる……。けれども、これでは、操作主義哲学において、自己をも他者への視点で見よ、としたのとパラレルな事態ではないだろうか。

つまりこういうことだろう。自他の対立軸への無効化攻撃は、正面攻撃ではなく迂回作戦だったのだ。ただし、コトバの次元では、つまりテクストを扱っている限りは、それは露見しない。テクストの主体とは、「誰か」であって私でもあなたでもないのだから。

言語論的転回とは、問題を迂回したのであって、問題を解き明かしたわけではなかった。人間科学としてはそれでよいのかもしれない。ただし、人間科学の研究者と言えど、知っていたはずの「他者とはなにか」が、ふと、分からなくなる瞬間がくる。他者の自明性がひび割れるのだ。同時に、社会的構成主義の流れのなかで今や神のごとき絶対性を獲得した「社会性」が、抑圧として感じられることもあるだろう。それが、現象学や実存哲学が、人間科学のなかで根強い人気を保ち続ける理由かもしれない。

第10章

もの語り論的転回（ナラティヴ・ターン）

10・1　ナラティヴ（もの語り）とは何か

本書の物語も最終章まで来て，いよいよ，現在進行形の潮流であるナラティヴ・ターンまでこぎつけた。読者は，社会学や文化人類学や言語学や芸術史といった人文科学系専攻でなくとも，物語論だのナラティヴだのといったコトバが，世紀の変り目の頃から急に目につくようになったことに，気が付いていたに違いない。

ナラティヴ（narrative）とは，テレビでおなじみのナレーション（narration）とも類縁の語で，物語を語る行為のことだ。より専門的に，つまり人間科学認識論の立場から表現すれば，「経験を有機的に組織化する行為，つまり経験や人生を編集する行為」のことである[★1]。「語り」と訳されることが多いが，日本語になじまないので本書では「もの語り」と表記することにした。「り」を付けたのは，「物語」というと語られた作品の意味になってしまうからだ。また，ナラティヴ・ターンに「もの語り論的転回」と「論」を付けて意訳するのは，前章で〝linguistic turn〟を言語的転回ではなく言語論的転回と意訳したのと同じで，もの語りとは何かという認識論的反省こそが，この潮流の原動力になっているからだ。

★1：やまだようこ　2006　「質的心理学とナラティヴ研究の基礎概念――ナラティヴ・ターンと物語的自己」　心理学評論 49, 436-463.

もの語り論が，なぜ人文諸科学を席巻して「転回」とまで言われるほどに流行し出したか。それは，個人と（歴史や政治など）集団の世界とを問わず，人間的世界の中での出来事を叙述したり説明したりすると必ず物語の形式をとることに，気難しい学者たちも遅まきながら気づき始めたからだろう。

たとえば、毎晩のように見る夢の多くが物語の形式をしている。短編小説のような見事な起承転結をそなえた夢を、私は数えきれないほど見ている。なぜ夢が物語の形式をとるかというと、睡眠中の経験というものは物語形式に編集されない限り、思い出すことが困難だからだろう。いずれにせよ、夢が物語になっていることが、いかにも意味ありげという印象の元にもなっているのに違いない。よく知られているように、精神分析の祖フロイトは、「すべての夢には意味がある」と考えて「夢の解釈」（『夢判断、上下巻』高橋義孝（訳）1969 新潮文庫）という本を１９００年という世紀の変り目に出版し、20世紀の思想の流れに大きな影響を与えたのだった。

ところが、その半世紀後、レム睡眠が発見され、夢の脳生理学的なモデルが作られると、夢の意味を否定するような説が有力になる。夢は、レム睡眠時に脳幹から発するＰＧＯ波というでたらめな信号に大脳皮質が反応し、「部分的にでも話の辻褄を合せようと悪戦苦闘して」できた代物だというのである（ホブソン『夢に迷う脳』池谷裕二（監訳）2007 朝日出版社 参照）。つまり、この説では、夢という物語が、脳の、でたらめな材料を元にしてでも「話の辻褄を合せようと」する傾向によって説明されるわけだ（この説は、10・4節で扱うもの語り派心理学のリーダーであるジェローム・ブルーナーの、人間には乳幼児のころから、経験をもの語り的に組織化して理解しようというもの語りへのレディネス（準備的構え）があるという説とも、奇妙に響きあう）。

するとここでも、認識論的解読格子における〈意味理解 vs. 法則的説明〉という二項対立が生じるのではないだろうか。出来事を、意味ある物語として理解し解釈するスタンスと、そのような解釈自体を、「脳の悪戦苦闘」とか言って脳生理学的・自然科学的に説明するスタンスとの。

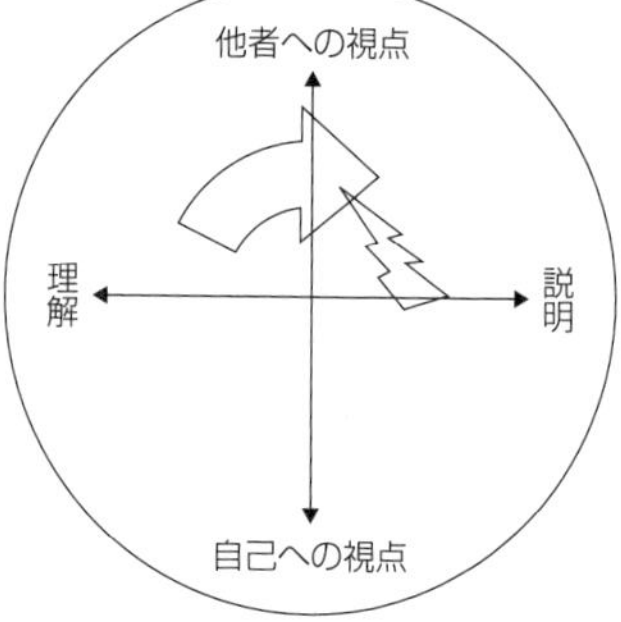

◆図10―1
※図中の稲妻は対立軸への無効化攻撃をあらわす。

けれども、もの語り論的転回の新しさは、理解や解釈や説明と言った概念を認識論的に反省し、このような二項対立それ自体を解体せんとめざすところにある。つまり、脳生理学的モデルのような科学的説明もまた、「主人公」である脳が「悪戦苦闘する」という物語であることには変わりがないではないか、というわけだ。本章の狙いを明確にするために、最初に認識論的解読格子による図解をもってきてしまおう（図10―1）。前章、言語論的転回では、その認識論的な源泉であるウィトゲンシュタインに狙いを絞り、視点の対立軸への無効化攻撃として転回を特徴づけた。これと対比させると、もの語り論的転回は、〈意味理解 vs.法則的説明〉というスタンスの対立軸への無効化攻撃として、特徴づけられることになる。

もっとも、もの語り論に基づく人文社会科学の諸研究（＝ナラティヴ研究）は、ジャンルもその認識論的系譜も多岐にわたるので、すべてをこのような特徴づけで括るのは無理があるだろう。さいわい、ナラティヴ研究の全貌については、日本における質的心理学の牽引者であるやまだようこ氏に優れた総説があるので、参考にしていただきたい（本章★1の文献と巻末ブックガイド中の『質的心理学ハンドブック』を参照）。本章では、〈理解〉と〈説明〉の二項対立の克服という問題に狙いを絞り、この問題について認識論的に探求してもの語り論の発展に大きな影響を与えた、フランスの解釈学的

現象学者リクールの説の紹介と検討を中心とすることにしよう。★2

★2：もの語り論的転回はそもそも言語論的転回を前提としているし、ポストモダン的な思想史的背景があるが、これも、やまだの前述の総説を参照してほしい。本章でそれらにあまり立入らない理由は、紙数の都合もあるが、私自身、ポストモダニズムをあまり評価する気になれないところにもある。その一端は前章でも示しておいたが、「巻末ブックガイド」でも散発的に示しておいた。

10・2　精神分析をめぐって（1）ヤスパースとリクール

リクール（Paul Ricoeur 1913-2005）は、もともと、サルトルやメルロ＝ポンティの後輩の現象学者として出発した人である。第二次世界大戦中、兵士としてドイツの捕虜になった際に収容所で訳し始めたというフッサールの主著『イデーン』の仏訳は、今でも優れた訳業として評価されている。その後、ハイデガーの影響をへて解釈学的傾向を強め、また、フランスの哲学者としては例外的に英米系の分析哲学にも親しんで摂取と対決とに努めた。

日本で、心理学を含む人文科学系の読者の間でリクールが広く知られるようになったのは、『フロイトを読む』（巻末ブックガイド参照）の邦訳出版がきっかけだったかもしれない。

元々フロイトは、自らが創始した精神分析が自然科学であることを疑わなかったのだった。けれども、直接には観察不可能な無意識という概念に頼って神経症の症状や夢の意味を解釈するという精神分析の方法が、どのような意味で科学といえるのだろうか。第7章で紹介したように、科学哲学者のポパーは、精神分析の学説は反証可能性という科学性の要件を欠いているがゆえに疑似科学であると決めつけた。現代のような生物学的精神医学全盛の時代、証拠に基づく医学（ＥＢＭ：エビデンス・

ベイズド・メディシン★3）が強調される時代では、生物医学的研究にくらべて精神分析は、まさに科学的証拠が乏しいがゆえに批判の集中砲火を浴び、息の根を止められ兼ねないありさまだ。

★3：Evidence based Medicine。今の医師が検査結果なしで診断を下そうとしないのも、EBM の現れである。

ところが、ポパーや生物学的精神医学派からの批判をいわば右からの批判だとすると、左からの批判とでも呼べる批判がある（この左右のたとえに政治的意図はまったくない）。その皮切りは、のちにドイツにおける実存哲学の大立者になるヤスパースが精神医学者だった時期に著した『精神病理学総論』★4の中に現れる。それによると、精神分析が自然科学だというのはフロイトの自己誤解であって、了解（理解）心理学の一種なのである。ヤスパースの述べるところによると、精神分析では、無意識的動機付けを持ち込むことによって、どんな不可解な思考や行動をも「了解可能」にしてしまい、それをもって説明が完了したとしている。了解（理解）と説明との混同である。無意識による了解とは、説明のように実証されることもなく、真の了解（理解）のように追体験されることもないので、これを、「かのように（als ob：英語の〝as if〟）の了解」というのである（訳書　p. 254f）。

★4：ヤスペルス・K　1956『精神病理学総論』（巻末ブックガイド（エピローグ）参照）

リクールのフロイト論も、精神分析の解釈科学としての意義を明らかにしようと試みたものだが、ヤスパースのように、だからダメ、とするわけではない。それによると、「心理学［引用者註　行動主義心理学のこと］とは、行動の諸事象を対象とする観察科学である。それに対して精神分析は、衝動の原初の（そして失われた）対象とそれの代用された対象との間の意味連関を扱う解釈科学である」（訳書　p. 393）。そもそも、精神分析においては、「心的現象は意味によって定義され、必ずしも意識によって定義されない。」精神分析が意識のテクストの下に解読するのは、まさに別のテクスト、無意識というテクストなのである。それゆえ、精神分析の作業は、歴史文献学者が発見された文献を解読する作業に比較できるだろう。「精神分析は解釈であって、心理学よりもむしろ、歴史学に比すべきものだ」（p. 381）。

批判的な読者はここで、いくら精神分析を「無意識」というテクストを解読する解釈科学だとしても、肝腎の無意識なるものがどのような意味で存在するか分からない以上、やはり「かのようにの解釈」になってしまうのではないかと、疑うかもしれない。★5

★5：「かのように」というあいまいな地位からの脱出口には、たとえば、無意識とは脳のことだ、とするやり方がある。認知科学者のなかには、フロイトを高く評価する者がいるが、それは、現代の認知科学では、脳神経系における情報処理過程の大部分が無意識的過程であることが分かったからだという（ミンスキー『心の社会』安西祐一郎（監訳）1987　産業図書　など参照）。

そこで、次に、精神分析の歴史学との類縁性を手掛かりに、精神分析家が、個人心理を超えて、神話や歴史や習俗や法律といった★6「集合的表象」について分析しているところを参考にしよう。例にとりあげるのは、ベッテルハイムが、東アフリカ、ナンディ族の、少年のみが受ける奇妙な成人儀礼（イニシエーション）について述べているくだりである。イニシエーションを受ける少年は、まず割礼の儀式を受けて血を流し、女の服をまとって池の上に作られた小屋にこもった後、裸になって、数回、水中を腹這いの姿勢で泳ぎぬける。小屋は子宮、水は羊水を象徴し、儀式全体が、男の子が女として死に男として再生する死と再生の通過儀礼をなしているのは、明らかだろう。男の子は、女から生まれ女と一心同体になって育ち、そのままでは「男」に成りがたいがために、このような過激なイニシエーションを必要とするのだ。

★6：『性の象徴的傷痕』岸田秀（訳）1971 せりか書房（Bettelheim, B. 1954 *Symbolic wound, puberty rites and the envious male.* Free Press.）

ベッテルハイムが分析するようなこの風習の「意味」は、観察にもとづく説明によって得られるわけでもなければ、当事者でさえその意味を理解していない以上、追体験的に理解されるわけでもない。ただ、歴史や文化人類学や神話学や精神分析的探求によって入念に編まれた解釈の網の目だけが、隠れた意味をしだいに明るみに出してくるのである。

個人心理を対象としても精神分析が行っているのは、この意味での「解釈」ではないだろうか。「この意味」とはどういう意味かというと、つまり、物語という意味である。

ここまで来ると、1980年代から目につくようになった、もの語り派《ナラティヴ》によるフロイト精神分析の再構成の試みまで、あと一歩である。ちなみに1980年は、アメリカ精神医学会の手による診断マニュアルであるDSM－Ⅲが発表され、操作主義的な診断基準が導入されて、アメリカ精神医学が精神分析の影響を受けた力動精神医学から生物学的精神医学へと大きく舵を切る、転換点となった年であった。

10・3　精神分析をめぐって（2）――物語としての精神分析

もの語り派の代表格であるドナルド・スペンスの『フロイトのメタファー』（巻末ブックガイド参照）によると、精神分析学専門誌に載るような「臨床的な報告は、二つの全く異なる形で読むことができる。」第一の読み方は、ブルーナーが「範例的な思考様式と呼んだものに対応しているが、それは一般的な原因、一般的カテゴリー、一般的な原理にかかわっていて、特定の症状や訴えをより広い規則に還元して、個人に関する詳細な事柄をより大きなパターンと一致させようとする。」これにたいして第二の読み方は、「ブルーナーの言う、物語的な思考様式に対応している。」（訳書 p. 187）

つまり、第一の読み方は、法則的因果的説明にもとづく読み方であって、「特定のデータを全称命題に結びつけようとするものである。」これに対して、第二の読み方、「私的な物語」は、患者に合せて作られた手作りのものであって、治療的な効果のために設計されている。それは、「しばしば暗黙のうちにせよ明示的にせよ、説明概念として無意識を引合いに出し」（p. 171）、それを表面的な記述に連続性を持たせる手段として用いる。ただし、ここで無意識を説明概念とするのは、精神分析の自己誤解であって、それはメタファーとして機能するのである。「シェーファー（Shafer, 1983）は、『精神分析家は、精神分析を受ける人々の物語に耳を傾けて、それらの物語がもっと完全でもっと一貫していて、そして説得力があり、以前に構築されていた物語よりも役に立つものに変える助けをする人々である』ことを示した」（p. 238）。そのためにも、無意識というメタファーは重要である。「毎日の生活が表面的には連続しているように見せ続けることで、それは心の底で私たちが出来事の法則性について信じることを防護してくれるように機能しているのである。」（p. 151）

スペースの都合でこれ以上、精神分析に紙数は割けないが、物語としての精神分析、という構想の一端でも伝われば幸いである。この構想は、フロイト精神分析が、ユング派やロジャース派など多様な心理療法の母体となってきたことを思えば、もの語り論的転回《ナラティヴ・ターン》全体にとっても重要な意味を持つ。

物語としての精神分析・心理療法というアイデアは、最近の、ナラティヴの語を正面から掲げる心理療法、ナラティヴ・セラピーへと、継承発展されているからである。

10・4　ブルーナーの二つの思考様式

スペンスの上述の引用の中では、ブルーナーの区分する二つの思考様式が引き合いに出されている。そもそもスペンスのこの『フロイトのメタファー』には、ブルーナーの序文が付いて出版されている。そこで、この辺で精神分析の話から、心理学におけるナラティヴ革命の立役者ブルーナーに入ろう。

元々、1950年代から60年代に起こった認知革命にも一役買った教育心理学者として、ブルーナー（Jerome Bruner 1915-）は日本でも教育心理学界では知られた存在だった。認知革命へ賛同したのは、「意味」こそが心理学の中心テーマでなければならないのに、当時支配的だった行動主義心理学では、意味は、強化と弁別スケジュールという条件付け操作によって定義されることになってしまっていたからだった。★7 ところが、認知科学において情報処理理論的なアプローチが支配的になり、「心」は脳というハードウェアに実装されたソフトウェア」といったコンピュータ・メタファーが幅をきかせ、「意味」が情報に取って代わられるに及んで、認知科学から離れた。そして、80年代にいたって、ナラティヴの視点を明確に打ち出して、今度こそほんとうに意味を中心テーマとすべく心理学のパラダイム転換に乗り出し、ナラティヴ・ターンの指導的心理学者になったのだった。

★7：餌を与える直前にベルの音を聞かせるという操作をくりかえすと、条件付けが形成され、ベル音は犬にとって「餌」という「意味」を持つことになる。ベル音を聞かせても餌を与えないという「消去」の手続きをくりかえすと、ベル音の餌という意味は消える、といった具合である。

ブルーナーのめざすナラティヴ・ターンの核心を理解するには、スペンスも引用している二つの思考様式、論理‐科学的・範例的様式（paradigmatic mode）と、もの語り的様式（narrative mode）を押さえておくに如くはない。これには、森岡正芳がブルーナー『可能世界の心理』（巻末ブックガイド参照）にもとづいて作成した表が参考になるので（というより、今世紀早々からナラティヴ・セラピーを掲げてきた森岡氏よりもうまくブルーナーの原文をまとめられるという自信もないので）、多少手を加えて引用しておきたい（表10―1）。

慧眼な読者の中には、この表をみていぶかる人もいるかもしれない。本章の冒頭では、〈説明 vs. 理解〉の対立軸への無効化攻撃をもの語り論的転回に期待したのに、ここではこの対立が温存されたままではないか、と。

実際、この点に関してブルーナーが示唆するところはあまり多くない。たとえば、これも『可能世界の心理』（p. 27ff）にあるのだが、実験現象学のミショットによって実験が始められ、アラン・レズリーによって生後6か月の赤ん坊でも確認された因果性の知覚実験と、ハイダーとジンメルによる意図性の知覚実験がならべて紹介されている。

ミショットの因果性の知覚実験は、第5章（p. 78の★5）でも言及したが、たとえば「左側から▲の図形が直進してきて■の図形に接触して止まって■が動き出す」という映像を見せる。接触から■が動き出すまでの時間間隔をいろいろ変化させると、「▲に押されて■が動き出した」という因果関

◆表 10—1　思考の二つの様式（森岡，2013（巻末ブックガイド参照）の図を一部改変）

様式	論理－科学的★8、範例的様式	もの語り的様式
目的	具体的事象に対して一般的な法則を探求すること	出来事の体験に意味を与えること
方法の特徴	カテゴリー分類 論理的な証明を追求 事実を知ることが目標 合理的仮説に導かれた検証と周到な考察	出来事と出来事の間をつなぎ筋立てる 説明の真実さ・信憑性（believability）に依拠 体験を秩序立て、意味を与えていく一つの有効な手段 物語としての力はそれが事実かどうかということとは独立して論じられる
方法の特徴	カテゴリー分類 論理的な証明を追求 事実を知ることが目標 合理的仮説に導かれた検証と周到な考察	出来事と出来事の間をつなぎ筋立てる 説明の真実さ・信憑性（believability）に依拠 体験を秩序立て、意味を与えていく一つの有効な手段 物語としての力はそれが事実かどうかということとは独立して論じられる
叙述の形式	単一の確定的な支持的意味（reference）が重視される	対象叙述は観察者を含む文脈が重視される 意味はその場でたえず構成され多元的なものとなる
原理	すぐれた理論	すぐれた物語

係の印象が生じる間隔の条件があることが判明する。この条件の範囲の外にあると因果の印象は生じない。また、意図性の知覚実験とは、二種類のパターンの針金がぐるぐる回転するところに光を当ててスクリーンに投影して裏側から見ると、一方が追いかけもう一方が逃げるという意図を持った一組のカップルとして知覚される、というものである。

どちらの実験も、知覚世界が、ヒュームの主張したような、無意味な印象が白紙の背景上を行きかう劇場などではなく、最初から意味的に構造化され、カテゴリー化されていることを示したものだ。ブルーナーはここで、幼児にとってより根源的なカテゴリーは因果性でなく意図性であって、それは未来の発達研究によって確認されるだろうと、希望的観測を述べている。

★8：やまだ（2006）（本章★1）でもやまだ（2013）（巻末ブックガイド参照）でも，「論理‐実証的」となっているが，原文を見ても logico-scientific である。どうしたのだろうか。

ちなみに，その後20年の認知発達研究の成果はというと，代表的な総説では，認知発達の基盤をなす4つの中核的知識システムの存在が明らかになったという。★9 すなわち，①生きていない物体とその機械的相互作用の認知，②行為者とその目標指向的行為の認知，③集合とその順序・足し算・引き算といった数的関係の理解，④場所とその地理学的関係の認知，の4つである。それに加えて5番目に可能性が指摘されているのが，⑤仲間（我々）とよそ者（かれら）の区別の認知である。

★9：Spelke, E.S., & Kinzler, K.D. 2007 Core knowledge. *Developmental Science, 10*: 1, 89-96.

このように，①がブルーナーの言う因果性の知覚，②が意図性の知覚と対応するとして，まだ①が②から派生するといった結果は，確認されていないようである。むしろ①と②の併存は，本書の認識論的解読格子でいうスタンスの対立軸を，認知発達的水準で裏づけているように思われる。ただ，日進月歩の科学研究の世界のなかでは，科学的知見は思いがけない短期間のうちにも変わってしまうことも多い。そもそも，一昔前までは，ピアジェのいう子どものアニミズム説に代表されるように，②が①に先行するという説が力をもっていたのではないか。将来，ブルーナーの予測が裏書きされる日が，来ないとも限らないのだ。

けれども，そもそも，認識論的にどちらが根源的かということと，発生心理学的にどちらが先行するかということは、安易に同一視されてはならない問題に違いない。もちろん、認識論が経験科学の方法を規定するだけでなく、経験科学的知見が科学認識論に影響を与えた例も、科学史上事欠くことはない。認識論と科学研究は、「解釈学的循環」からの類推で言えば、認識論的循環のうちにあるといってもよいのだから。けれども、それは、認識論を科学研究に還元することとは異なる。やはりここは、因果的法則的説明をも、もの語りのなかへと包摂してしまえるか否かの、認識論的こころみがほしい。そのような試みの代表が、ナラティヴ・ターンの哲学的基礎を築いたといわれる、リクールの『時間と物語』（巻末ブックガイド参照）である。

10・5　リクールの『時間と物語』

『時間と物語』は、アリストテレスとアウグスチヌスの時間論の詳細な比較考察から始まり、ハイデガーの時間論に大きな頁数を割き、という鬱蒼たる大著なので、ここで全貌を伝えることなどとてもできはしない。さいわい第二部（邦訳第Ⅰ冊）に、歴史的説明をめぐって英語圏の分析哲学で展開された論争を、リクール独自の視点からまとめた章があるので、これを手掛かりとすることにしたい。

（1）歴史的説明への論理実証主義的法則モデル

出発点は、論理実証主義者ヘンペルが１９４２年に発表した、歴史的説明もまた自然科学的説明と同じく、個別的事象を一般法則へ包摂することでなければならないという、歴史学への法則定立的科学としての要求であった（またしてもヘンペルだ！）。

たとえば、織田信長が明智光秀に討たれた本能寺の変の説明を、歴史的説明としてとらえてみよう。

ヘンペルの法則的モデルによると、「ある出来事は、それが法則によって『覆われ』、その先行事態が正当にその原因と呼ばれるときに、説明される」（『時間と物語Ⅰ』訳書　p. 191）。したがって、説明に必要なのは、出来事、法則、原因の三項である。

出来事：信長は部下の光秀に裏切られて討たれた。

法則：武士の世界では、部下のプライドを傷つける上役は裏切られて攻撃される。

原因：信長は部下の光秀のプライドを傷つけた。

説明の完了。

このような本能寺の変の「説明」は、周知のように歴史書から通俗小説から映画やマンガにいたるまで、いたるところにみられる。そしてまた、ご存じの忠臣蔵の発端となった、浅野内匠頭が上役の吉良上野介に切り付けた「殿中松の廊下事件」もまた、この「法則」の一例とみなせそうである。けれども問題は、歴史学でいう法則なるものは、一般性が不足しているところにある。本能寺の変の説明に用いられた類の法則は「疑似法則であり、その法則は庶民の知恵や非科学的心理学から借用されたもの」（同　p. 193）に過ぎないことは一目瞭然だ。ヘンペルはあくまで一般法則の追求を歴史家に求めるが、そんなことが可能だったら歴史学はとっくの昔に科学になっていただろう。

（2）法則モデルへの批判

歴史的説明の法則モデルは、1960年代のころから、分析哲学内部で批判を受けるようになった。ドレイ、ウリクトらによると、そもそも説明とは一般法則による個別的出来事の包摂ではない。

日常的経験の世界を例にとると、私たちはたとえば「泥道を走ったから自動車が故障した」といったように、物理的出来事に関して因果的説明をしているつもりになっている。けれども、よく考えてみるとこれは、「すべての自動車は泥道を走ると故障する」という一般法則による包摂などではない。いうまでもなくそのような一般法則は成り立たない。一般法則というためには、必要十分条件を満たさなければならない。けれども、泥道を走ったからと言ってすべての自動車が故障するわけではない以上、泥道の走行は十分条件ではない。だから、次に泥道を走ると必ず故障するという「予測」もできない。また、「もし泥道を走らなかったら故障しなかっただろう」とも、必ずしもいえない。泥道を避けて高速道路を走っていればスピードの出しすぎで故障していたかもしれない。だから必要条件でさえない。

このように、十分条件でも必要条件でもないような因果の説明は、個別的因果性というべきである。個別的因果性にもとづく極端な例は、「風が吹けば桶屋がもうかる」という江戸時代のジョークに見ることができる。日常の出来事や歴史の説明だけではない。生物学、地質学、宇宙論においても、事情は同様なのだ。東日本大震災ののち、テレビに専門家が出演して大地震が起こったメカニズムをアニメーション入りで説明するというのが、おなじみの光景となった。説明はおおむね明快で、納得させされるものだった。けれども、だからといって、日食のように予測ができるわけではないのだ。天体物理学とことなって、地質学において説明とされている事柄には、偶然的一回生起的要因がありすぎて、法則への包摂とみなすことはむずかしいからだ。

このような、個別的因果説明と呼べる説明のタイプは、たとえば「彼女が教室の窓を開けたのは、人蒸暑かったからだ」といった人間行動の理解においても行われていることなのである。ドレイは、間行動の理解を「合理的説明」と呼ぶ。それは、「もしAにとってyはxをするためのよい理由であるなら、yは、それと十分によく似た状況で、Aに十分によく似た人なら誰でもxをするためのよい理由になるだろう」という蓋然的かつ普遍的な説明であり、「よい理由」を構成するのはライルの言う習慣性に基づく事前の計算のことを指す。

たしかに、習慣性という概念は行動理解にとって重要だ。「心の理論」に基づく他者の心の読みが、因果説明か意味理解かは、議論のあるところだ★10。けれども、私たちが日常であう他者の行動の大部分が、私と共有している習慣性にもとづいていることを思うと、両者の対立は実は連続的なものかもしれない。ただ、「彼女は寒いのに窓をあけた」といった、習慣に反する行為に面したときになって初めて、私たちは、その理由を理解しようとするか（反抗の狼煙かもしれない）、原因を究明しようとするか（高熱で意識が朦朧としているのかもしれない）という、両極端に訴えるのである。

★10：この対立は、心の理論研究における「理論－理論派」と「理論－シミュレーション派」の対立に相当する。下記論文参照。
子安増生・木下孝司 1997「〈心の理論〉研究の展望」心理学研究 68, 51-67.

（3）もの語り派の台頭

歴史法則モデルへのもう一つの批判の潮流が、やはり分析哲学の内部にダントを先頭に生じた「物語派」の潮流である。とりわけリクールが着目するのは、ホワイトの筋立て（emplotting）の概念だった。筋立てとは、「あることがどのようにして別のことに導かれるか」を示すものだ。ちなみに「物語進行（story）」と「筋（plot）」との違いは、「王様が死に、それから王妃が死んだ」と、「王様が死に、そして悲しみのため王妃が死んだ」の違いである。ストーリーなら「それから？」と聞き、プロットなら「なぜ?」と聞く（フォスター『小説の諸相』）。[★11] リクールは筋立ての概念を、アリストテレスの詩学にまで遡らせてこう述べる。「Aの次にBが、は挿話的連続であり、したがってあまり蓋然的でない。Aのゆえに Bが、は因果的連鎖であり、したがって蓋然的である。……筋を組み立てることはすでにして、偶然的なものから理解可能なものを、特殊なものから普遍的なものを、挿話的なものから必然的または蓋然的なものを生じさせることである」（『時間と物語Ⅰ』p. 73）。

★11：野家啓一　2005『物語の哲学』岩波書店　p. 325を参照。

以上、まとめると、もの語り行為とは、時間的に離れた複数の出来事を時間的秩序にそって筋立てる行為として定義される。物理科学における法則的説明といえど、筋立て（plot）として物理法則を用いただけで、もの語り行為の特殊の場合、と見なせることになる。さらに、「彼女は蒸し暑いので窓を開けた」といった人間行動の合理的説明もまた、筋立てとして習慣性に基づく事前の計算を用いたもの語り行為ということになる。かくして、一方の極に物理科学的法則的説明を置き、他方の極に実存主義風の「自由な一回限りの決断」を置くと、その間には、「風が吹けば桶屋がもうかる」式の日常的因果説明を含む、様々な物語の連続的スペクトルが位置することになろう。

10・6　結語——認識論的解読格子の四肢構造から三肢構造へ

ようやく、本章冒頭の図10—1に戻ることができた。言語論的転回には〈自己の視点／他者の視点〉という視点の対立軸を無効化しようと云う企てが認められたが、もの語り論的転回には、〈説明／理解〉というスタンスの対立軸を無効化しようという企てが見て取れる。この無効化の試みが成功したか否かは本章の規模の紙数では論じきれないが、はっきり言って強引な印象を否定できない。ここでは、素朴な疑問を一つだけ述べて章を閉じよう。

そもそも、物理科学的説明も人間行動の合理的説明も、物語という形式をしているし両者の間は連続的だという議論は、3億の年収のある社長と300万の年収の平社員とでは、同じ給与所得者だし両者の間は連続的だといった議論と似ている。だからといって金持ちと貧乏人の区別が無効になるわけではないのだから。ちなみに、自然科学的知識もまた社会的構成であり言説《ディスコース》であり物語であるとするポストモダニズム的科学論に対する、自然科学者の側からの手厳しい批判が、ソーカル事件だった（ソーカル・ブリグモン『知の欺瞞――ポストモダン思想における科学の濫用』田崎晴明（他訳）2000　岩波書店　参照）。

最後に、第8章からの三種の認識論的転回の章を、ふりかえってみよう。すでに引いたウリクトの言葉を借りるならば、理解とは感情移入のような心理学的カテゴリーではなく、意味論的カテゴリーであるというのが、これら認識論的転回の共通認識であろう。しかし、私の見たところ、「理解」は、心理学的と意味論的の二つのカテゴリーに分裂するのである。後者を精緻化したものが言語ゲーム論であり言説分析であり、部分的にはもの語り論だった。

他方、前者の場合、他者を感情移入によって理解するとは、他者を「可能的自己」として理解することになる。「付章」でくわしく述べるように、感情移入によって認識されるものは「他者」ではなく「自己」の分身なのだから。

したがって、その場合、〈理解 vs. 説明〉というスタンスの対立軸は、〈自己 vs. 他者〉という視点の対立軸へと、還元されることになる。他者を理解するとは可能的自己として理解することであり、説明するとは自己になる可能性なき全くの他者として説明することとなるのだから。これが、スタンスの対立軸は視点の対立軸にくらべて、反省に対して脆弱である、と第3章（p. 46）で述べたことの、真意である。

「理解」のカテゴリーの心理学的と意味論的への分裂および、前者の場合の、スタンスの対立軸の視点の対立軸への還元は、本書の認識論的解読格子にも、影響を及ぼさずにはいないだろう。すなわち、三種の認識論的転回を通じてなされた批判によって、この解読格子の四肢構造が、三肢構造へと改変されたのである。

第1象限（行動と脳の高次過程）は、ほぼ無傷のまま留まる。ここに位置するのは、説明の対象としての「他者」である。

第4象限（意識）は、歴史的に不毛ぶりが証明されたので、お隣の第3象限（体験）と合併する。第3象限は、第2象限（表現と意味ある行為）の一部を吸収して、自己の体験および可能的自己としての他者の体験が、位置付けられる。これをフッサールの道と称しよう。

第2象限は、「理解」の、心理学的と意味論的への分裂の結果、前者が第3象限へ吸収合併され、後者は、自己vs.他者という視点の対立軸への無効化攻撃を継続する。つまり、ウィトゲンシュタインへの道を歩み続ける。

新たなる三肢構造については、紙数も尽きたので、「エピローグ」で一言するに留めたい。

エピローグ　脱構築

それにしても、本書が、もの語り論的転回の章で終わることは、心理学と人間科学の歴史にとって象徴的なことかもしれない。

なぜなら、ニュートン力学、ボイルの原子論的化学と、自然《ネイチャー》についての科学の赫々たる成功に刺激され（幻惑され？）、人間性《ヒューマン・ネイチャー》についての科学の建設を目指して始まった人間科学という壮大な事業が、3世紀の試行錯誤の後についに失敗に終わったことを、「物語」の語が象徴していると感じられるからだ。人間科学とは、物語だったというのだから。

躓きの石は、人間科学者たちが勝手に観察と研究の対象と思い込んでいた「人間」など、けっして直接には観察対象になりはしない、というところにあった。近代科学の精神では、知識は常に直接観察から出発しなければならない。ところが「間奏曲」でも述べたように、直接観察できるのは常に、「自己」か「他者」かのどちらかなのだから。

ここで、「人間」と「ヒト」とを同一視するという、重大な勘違いについて触れておかなければならない。近年の心理学の教科書にも「人間」に代わって多用される「ヒト」とは、ホモサピエンス・サピエンスのことで、生物学的な種の一つのことである。あなたも私もホモ・サピエンスであることは疑うことができない。ヒトとは、アナグマやモンシロチョウと同じく、自然界において客観的に存在もしくは非存在が確かめられる、「自然種」なのである[★1]。ただし、ヒト一般を客観的に観察する場合、観測者の自己はきれいさっぱり捨象されてしまっている。その意味で、第4章（操作主義）で明らかにしたように、「ヒト」とは、「他者」によって「人間」を代置するという操作によって得られる概念なのである。

★1：ダンジガー『心を名づけること上』河野哲也（監訳）2004　勁草書房　参照。なお、ダンジガーは心理学的概念を人工種としているが、すぐ後で述べるように、私はそれを自己参照種と名づけたい。

現在もそうであるように、「ヒト」についての科学が科学的心理学の主流として今後もあり続けることはまちがいない。ただし、それは人間科学ではなく、ヒト科ヒト属ヒト種生物の脳の高次過程と行動についての自然科学なのだ。この方向は、近い将来、完全に脳神経科学と進化生物学に吸収されてしまい、心理学の名は、社会心理学臨床心理学といった、周辺的か応用的な分野にだけ残存することになると、私は予想している。

そのような「ヒト」に対して、「人間」とは、観測主体自身をそのメンバーとして含む集合である。観測主体が自分自身を参照しなければ定義できないという意味で、「人間」とは自己参照的集合であり、「自己参照的種」であるといっておこう。

自己参照的集合としての「人間」の本質的な構造は、外部から観測できず、内部的に、「自己」と「他者」とに分化してしか観察がなされない、というところにある。

「人間」と「ヒト」とは、外延を同じくするとは限らない。歴史的にみて、「人間」の範囲は拡大する傾向にある。言葉も肌の色もちがう異民族を奴隷にする風習があった時代には、「人間」の範囲は今よりも狭かっただろう。将来、チンパンジーやロボットにも「人権」が認められるようになれば（その日はいつかは来ると思うが）、「人間」の範囲は今よりさらに拡大する。「人間」とは、観測主体が「なかま」として認めた、観測者自身を含む集合なのである。
「人間」の範囲を決めるものは何か。二つの道がある。ウィトゲンシュタインの道とフッサールの道が。

ウィトゲンシュタインの道では、コトバによるコミュニケーションが可能な範囲を、「人間」の範囲として定める。この意味で「人間」とはコミュニケーション共同体の成員である。現代ドイツ哲学において言論的転回を代表するアーペル（Karl-Otto Apel 1922-）の言い回しを借りて、「超越論的言語ゲーム共同体の成員」と、哲学的に表現してもいい。★2 ウィトゲンシュタインについては第9章で解説したので、これ以上は扱わない。

★2：アーペル『哲学の変換』磯江景孜（他訳）1986　二玄社　参照。

フッサールの道では、可能的自己の集合を、「人間」の範囲として定める（「人間」を「自己」で代置するといってよいかもしれない）。英語では、アドヴァイスを求められたばあいなど、"If I were you."（もし私があなただったなら）という文句で答える語法を、反事実条件法という。ここで、「もし私がその存在であったなら」という反事実条件法が不都合でないような「存在」が、可能的自己である。「人間」という可能的自己の集合の中のただ一例のみが、「現実自己」であり、残りは「潜在的もしくは可能的自己」つまり「他者」ということになる。フッサールについては次の「付章」でくわしく述べる。

ヒトとしての人間、コミュニケーション共同体のメンバーとしての人間、可能的自己の集合としての人間。これら三種類のまったく異なる「人間」を混同してきたところに、人間科学の、とりわけ心理学や精神医学など心の科学と総称される分野の、3世紀にわたる混乱と迷走があったのだ。

無理もないことだ。自己参照的集合としての人間概念への反省は、1930年代、後期フッサールと後期ウィトゲンシュタインの活動によってしか、本格的には始まらなかったのだから。

そしてまた、他者問題が、史上初めてするどく意識され始めることによってしか、始まらなかったからだ。次の「付章」でも触れるが、他者と共に生きることが空気を吸うような自明性のなかにあった時代には、他者問題はけっして立てられなかった。そして今も、そのような自明性のうちに生きている人々にとっては、正直いって立てることは難しい。

けれどもそれでは学問としての普遍性がなくなってしまうので、付章として「だれでも分かる！他者問題超入門」を置いた。これを読んでいただければ、他者問題が明晰に手に取るようにわかるはずだ。他者とはいったいどのような意味で存在しているといえるのか——ここにこそ、最難問が、世界秘密《ウェルトゲハイムニス》が、ひそんでいるといって差し支えあるまい。


最近、若手の精神科医のグループと話す機会があり、その縁で、ヤスパースがアメリカ精神医学界の一部で、時ならぬ評価を受けていることを知った。時ならぬというのは、『精神病理学総論』（巻末ブックガイド参照）の初版が1913年に出て以来、100年もたった今頃に、ようやくアメリカで注目されるにいたったからだ。ヤスパースと言えば、人間認識の三分法、科学的な説明、了解（理解）、現象学が、少なくともドイツと日本では有名で、『総論』もまた、この三分法に基づいて構成されている。これは、本書の、「ヒト」「コミュニケーション共同体」「可能的自己の集合」という、人間概念の三種に、あるていど対応しそうな気がする。ただし、1913年は他者問題の本格的な幕開け以前に当たることもあり、ヤスパースの三分法は方法論の水準にとどまっているが。

このヤスパース再評価の動きと関連して、多元主義と言うことがアメリカの精神医学ではとなえられている。★3 現在、アメリカで有力な精神医学のアプローチに、生物心理社会モデルと言うものがある。心の病気、たとえばうつ病は、遺伝的脆弱性のような生物学的要因と、職場での対人ストレスのような心理社会的要因が絡み合うことで発病にいたる、というモデルだが、なんだか当たり前すぎて面白みがない。多元主義はこのようなモデルを折衷主義として厳しく批判する。

★3：ガミー・N『現代精神医学原論』村井俊哉（訳）2009 みすず書房（原著 2007）。

多元主義と折衷主義がどう違うかは微妙なところだが、私なりに理解すると、方法論的自覚の有無ということだろう。ここで、ヤスパースの三つの方法の出番となる。患者さんの心象風景をくわしく語ってもらうことで当人にとってどんな体験がストレスとなっているのかを突き止めるのが現象学的方法であり、なぜそれがストレスになるのかを生活歴に遡って理解して心理的な治療法を提案するのが了解的方法であり、同じようなストレスでも発病にいたらない人も多いことから、この人特有の生物学的脆弱性として「扁桃体の過剰活動」といった脳神経過程を想定し、脳画像法による診断や薬物療法をこころみるのが説明的方法、ということになるだろう。

長々と精神医学の話を出したが、ヤスパースに基づく方法論的多元主義は、本書でいう三タイプの人間概念についても、多元主義的に対処するためのヒントを与えてくれるかもしれない。結局、心理学と認知科学、精神医学など心の科学の研究者、実践家たちもまた、問題領域に応じて適当に三つの人間概念を使い分けているという意味では折衷主義者なのだし、それを自覚することによって問題にふさわしい人間概念と研究方法を選択することが可能となり、多元主義へと向上して行けるのではないだろうか。

避けなければならないのは、統一的な人間科学・心の科学があり得るという幻想だ。行動主義心理学をも抱え込んで進められた論理実証主義の統一科学プロジェクトはとうの昔に放棄されたし、質的研究の領域で似たような企てがあっても必ず失敗するだろう。ウィトゲンシュタインの道は第9章で批判しておいたし、フッサールの道も乗り越えがたいパラドックスに突き当たることは、付章で述べる。

だからこのエピローグにも、「脱構築」の語を入れておいた。

付章

だれでも分かる！　他者問題超入門

Y・1　心身問題のわかりやすさと他者問題のわかりにくさ

心身問題にくらべると、他者問題はわかりにくい。そもそもなぜ「他者」が問題になるかが分かりにくいからだ。

じっさい、心身問題なら、その重要さはだれにとっても（つまり心の科学の徒にとっても）明らかに思える。「心」が「身」に過ぎず、それも「脳」に過ぎないことが分かれば、心理学は脳神経生理学に還元され、心理学者は職を失い路頭に迷うだろう。精神科は脳内科と看板を掛け代えなければ患者が来なくなるだろう。人間科学をそっくり自然科学へ吸収するためには、大学や研究機関の組織再編成も必要だ。

それにくらべると他者問題ときたら――。「エエーッ、自分以外の他人に意識があるかどうかを疑うだって?」と、うっかり話してしまった友人には穴のあくほど顔を見られ、下手をすれば、「ヒキオタ（＝ひきこもりオタクの略語）」とか「コミュ障（＝コミュニケーション障害の略語）」とかレッテルを貼られてしまうかもしれないのだ。そんな苦い経験を、まだ十代のころにしたことがあるという読者も、中にはいるにちがいない。

私がこう断言できるのは、私自身が手がけた、4大学、1000名に上る学生対象の調査の中で、子どものころや思春期に、それに類した苦い経験をしたことがあるという回想報告を、いくつか目にしているからだ。そもそも、他者問題を意識するというのは、10歳前後かそれ以前の児童期に主としてみられる現象だというのが、私の「発見」なのだ（拙著『自我体験と独我論的体験』2009　北大路書房）。

アメリカの指導的な認知哲学者、ダニエル・デネットもまた、一般向きの本の中でこんなことを書いている。

……もしかすると、（極端な場合を考えれば）あなただけがこの世のなかの唯一の心であるかもしれない。……この奇妙な考えは、幼かったわたしの頭にも浮かんだことがある。あるいは、あなたの頭にも同じことが浮かんだかもしれない。わたしの学生の三分の一ぐらいのものも、子どものころに同じことを考えつき、その考えにとりつかれてしまったと言っているが、このような考え方は哲学的な仮説としてはきわめて一般的で、（「自分ひとり」という意味のラテン語 solipsis に由来して）「独我論（ソリプシズム）」と呼ばれている。……（『心はどこにあるのか』土屋俊（訳）1997　草思社　p. 11）

三分の一というのは多過ぎのような気がするが、きっと哲学コースの学生なのだろう。私の調査では6・1％という数字が出ているが、これも、教養心理学クラスでの調査が多いので割り引いて考えなければならない。いずれにしても、このように主として子どもの頃に出現する独我論的な思いを、私は独我論的体験と名づけて、調査報告を出したのだった。

つまり、このように子どもの頃の体験を憶えているのであれば、話が早い。すぐにでも他者問題の核心へと飛び込んで行ける。別の言い方をすると、他者問題がわかる第一歩、他者問題を正しく立てる第一歩は、子どもの頃に、私たちの精神発達の初期に、戻ることなのだ。

けれどもそれができるのは、すでに具体的な数字をあげたように、少数に過ぎない。本章で試みるのは、だれでも分かる他者問題の立て方だ。それを、ちょっとした実習課題《エクササイズ》を通して、こころみてみよう。けれどもその前に、他者問題を立てるための強力な障害になっている、ある思い込み、「他人は自分とよく似ている」という思い込みについて、一瞥しておく必要があるだろう。

Y・2　他人は自分と似ているという類推論法

なぜ他者が問題になるのかが分かりにくいのは、他者が自分と類似しているのがあまりにも自明だからだろう。そろって目と耳が二つずつ、鼻と口が一つずつ付いているし、ふるまいもよく似ている。言葉も同じ言葉を使うし、異国の言葉でも翻訳したり互いに学習しあうことが可能だ。生物学をかじった人なら、「私たち現生人類の遺伝子は、99・9％まで共通である」といった、最新の分子生物学的知識を持ち出すかもしれない。こんなにも観察可能な外見やふるまいやゲノムが似ているのなら、観察不可能な（と思われる）心、精神、意識といった側面も似ているのにちがいない。

このように、「外面」の類似性から「内面」の類似性を推理するというのを、哲学史上では他者の類推説という。そしてこの説は、20世紀の初めになるまで本格的に、その不合理さを暴き立てられ批判されることがなかったのだ。

これは驚くべき哲学者の怠慢、もしくは度しがたい鈍感さとしか思えない。そもそも、一切を疑うという方法的懐疑によって近代哲学の祖となった17世紀フランスのデカルトからして、他者の存在を本気で疑った形跡がないのだから。確かに、その主著『省察』で世界は夢ではないかと疑ったときに

★1は、世界の一部である他人の存在も、夢ではないかと疑っていることに、論理的にはなるのである。けれども、デカルトが他人の存在への疑いを明確にテーマとして取り上げたことは、一度もなかった。デカルトにとっての主要な関心事は、数学的真理の確からしさ、物質的宇宙の確からしさ、そして神の存在の確からしさだったのだから。

★1：野田又夫（編訳）1967『デカルト（世界の名著27）』中央公論 p. 244.

また、その1世紀の後にはアイルランドにジョン・バークリが出現して、独我論を唱えたということになっている。ところがバークリの著書を読んでみても、その独我論とは、先ほどデネットが定義したような独我論とはまったくちがう。「存在するとは知覚されることである」という有名なバークリ哲学の定式もまた、ひたすらテーブルの上の花瓶のような物体的存在に向けられているのだ。花瓶が存在するとは、私や私以外の心によって知覚されているということなのだ。では、宇宙創造の瞬間のような、まだ心を持つ人間が存在を始めていなかったころの宇宙の実在はどうかというと、神の心によって知覚されているから存在する、ということになる。もっとも、バークリのばあい、私の心が他の人間の心の存在をいかにして知ることができるのかという問題は、デカルトとちがって立てていることは立てている。けれども、その解答は類推説という、他の方面では極めて鋭い切れ味を見せるバークリらしからぬ凡庸さだ。★2

★2：この問題に触れた主著の『人知原理論』（1734）には要領を得たまとまったものがないので、「訳者解説」から引用しよう。「精神の能動性と自我の有限性によってバークリは独我論を脱する。他我の存在は、自我の能動性の経験に類似する事象を他人の肉体的運動その他に観取するところから、類比的に推論される。他我の存在は『哲学解義』に取り扱われていなく、バークリの説明の最も乏しいものの一つである。けだし、ロック的な心理主義的経験論の立場では、自己と別個なかつ観念的に捉えない他我をいかにして知りうるか、容易には答えられない問題であるからである。そしてバークリは結局、神に縋る。自我と他我の交渉を保証するものは神のほかにない。」（大槻春彦「解説」バークリ　1958　『人知原理論』岩波書店　pp. 221–258.）

デカルト以前、中世からローマ、ギリシャへと遡っても、他者への問題意識は皆無に等しい。数学的真理や神の存在や、「存在そのもの」と言った問題領域では、考え過ぎとしか思われないほどの煩瑣にして壮大な論理を展開している西洋の偉大な哲学者たちが、こと他者の存在に関しては、信じられないような鈍感さ、無関心さにとどまっているのだ。

それは、昔の哲学者が隠者のように孤独だったことを、意味しているのでは決してない。逆に、昔の哲学者にとって他者は空気のように自明な存在であって、ことさらに問題にする必要性を感じなかったということなのだ。昔の哲学者にとっては神との関係こそが重要であって、他者との関係は二の次だったのだ。対人関係が、というより対人関係がうまくいかないことが、なによりも重要事と感じられるようになって初めて、哲学的な他者問題も立てることが可能になったのである。

たとえば18世紀のスコットランド。『国富論』など経済学の著作で知られるアダム・スミス（Adam Smith 1723–1792）が、人間関係の基礎として同感（sympathy）の原理[★3]を提唱したのも、そのような時代の変化の表れだろう。中世的な社会では人間同士の絆は、神が、そして神の地上における代理人である教会が、保証するものだった。ところが近世に入って世俗的な社会が形成されて来ると、人間関係の基礎を形づくる原理は何かの探究が独自に、必要になった。アダム・スミスの同感の原理は、その代表的な理論として優れた意味を持つ。そして、このような、世界に先駆けて世俗的市民社会を成立させた英語圏の思想的発展を受けて、19世紀にはジョン・スチュアート・ミルが、常識的な他者認識の理論として、類推説を哲学的に定式化したのだった。

★3：同感の原語 sympathy は、同情と訳されることが多いが、喜びのような肯定的感情を同じくするのも sympathy というので、同感と訳される。

Y・3　テオドール・リップスの類推説批判と感情移入説

それで何がいけないのだ、と問う人もいるだろう。さっきから何が、凡庸だの怠慢だのと、哲学の専門家でもないのにエラそうに西洋哲学史を批判しているのだ、と。外面が似ているから内面が似ていると「類推する」のは、自明で当たり前のことではないか、と。

ところがである。他者の外面からその内面を類推するというのは、実のところ類推の名にすら値しない。論点先取の誤謬でしかないのだ。この点を鋭くついて他者問題にひそむ真の難問を明らかにしたのが、第6章で紹介済みのドイツのリップスだった（『心理学原論』大脇義一（訳）1934 岩波文庫（原著 1905））。

念のため言っておくと他者類推の説とは、「私の怒りと私のしかめ面とは、相伴う。ゆえに、他者のしかめ面には、私の怒りと似た怒りが伴う」という推論によって他者の存在が認識されるという、認識論説のことである。そもそも、火のある所に必ず煙が立つのを経験した、だから、煙を見て火があるのを推測するというのが、論理学でいう正しい類推である。この場合、「火一般」という一般概念が前提されていて、今まで見た火も、いま煙によって存在を推測されている火も、火一般の一例なのである。これを分かりやすく図解したのが、図Y－1の左図である。ここにはとりたてて問題はない。

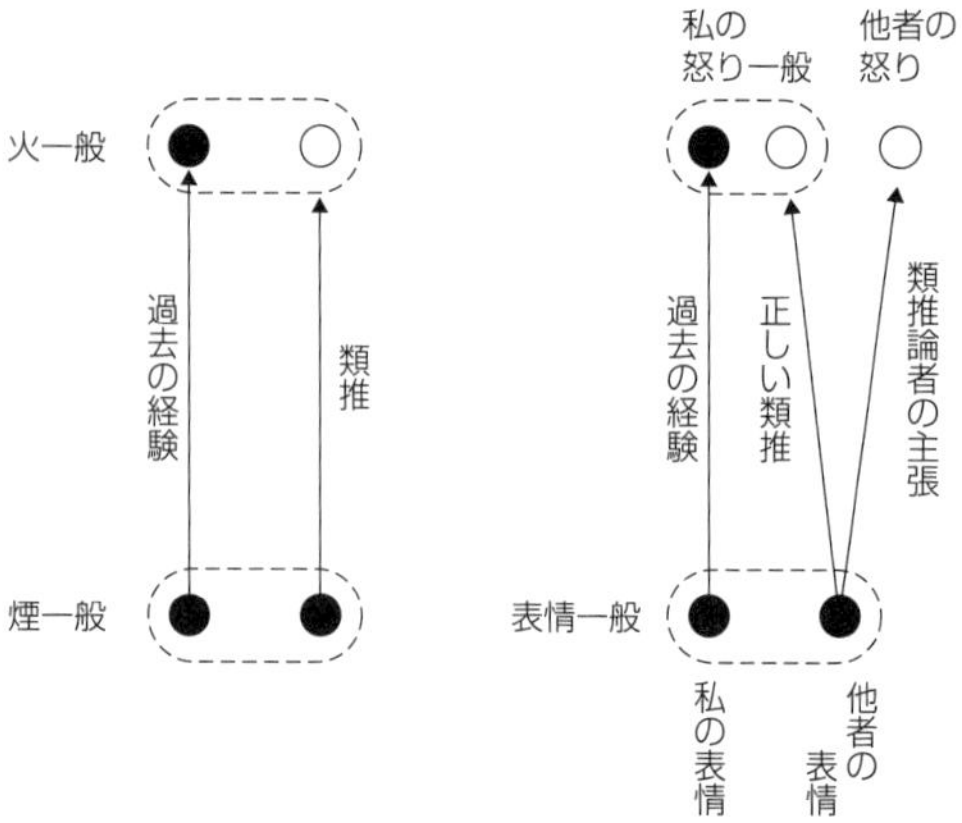

◆図Y—1

※類推の構造（拙著『フッサール心理学宣言』巻末ブックガイド参照）より転載。黒円と白円は直接観察の有無を示す。

ところが、いわゆる他者類推（右図）では、私の怒りと他者の怒りとを包摂するような怒り一般を、前提するわけにいかない。そんなことをすれば他者の怒りをも前提することになり、つまり論証すべき目標を最初から前提するという、論点先取の誤謬を冒すことになるからだ。だから、私の怒りの表情と類似したあそこの表情に相伴うと正しく類推されるものは、私の怒りに似た私の感情でしかないのである（右図中の「正しい類推」を示す矢印）。しかし私は自分でそのような感情を経験しないので、怒りの表情に似た表情には何も感情が相伴わないこともある、と結論することになってしまう。

怒りのような主観的意識的経験には、私によって直接経験されないと云う存在の仕方もあると云う発見は、決して類推論者の主張（右図の最も右側の矢印）からは導き出されない。この発見は、似たものから似たものを推論する類推とは正反対の、「最も顕著なる思想的創造」というべきなのだ。

この「思想的創造」の過程を説明するために提案されるのが、感情移入（Einfühlung）の説である。まずリップスは、われわれは他者の身振り表情を知覚して無意識に模倣するという、運動的模倣の衝動と言うものを想定する。他者の微笑を見ると自分も知らずして微かな微笑をつくる。それに伴い楽しい感情が起こる。これが他者の微笑へと移入されて、その微笑の意味を形づくる。ここにはどんな推論過程もない。移入された私の感情が、そのまま他者の感情なのだ。こうして移入された多種多様な意識経験が、私の身体とはちがった身体に結び付けられて統一点を形成し、文字通りの「他我」「他の私」となる。諸々の他我とは「私自身の多数化の結果なのである」（リップス、訳書 p. 98）。

それではなぜ、移入された私の意識経験が「私の」でなく「他の」ものと感じられるかと言うと、リップスは答えを与えていない。「不思議にも……私の意識とは独立なるものとして、したがって私がそれについての意識を持たないにもかかわらず存在するものとして現れる」と述べるのみである。

Y・4　類推説が正しく感じられる理由――〈人間一般〉という自明過ぎる前提

以上のリップスの類推説批判に、読者は納得したであろうか。大学の講義でこの話をすると決まって出てくる反応に、「考え過ぎているのではないか」というものがある。これはある意味では当たっている。なるほどリップスは考え過ぎている。「怒り一般」の概念が、他者問題の前提ではなく目標だと見抜くほどに。より正確にいえば、「人間一般」の概念が、他者問題の前提ではなく目標だと洞察するほどに。

逆にいえば、リップスをめぐるこの議論は、なぜ常識的に他者類推説が正しい説だと思われているかの原因をも、照らし出してくれるのだ。私たちは、（「私たち」という表現がまさに示すように）自己をも他者をも人間一般の一例であることをあまりにも自明視している。そのため、図Y－1での左右のモデルのうち左図のモデルを、他者類推のモデルとして無自覚に採用してしまうのだ。私の表情も他者の表情も「人間一般の表情」の一例であり、私の怒りも他者の怒りも「人間一般の怒り」の一例なのだから、類推説で何が悪いか、ということになってしまうのだ。

これでは、他者問題をほんとうに立てたことにはならない。どうやらこのあたりで、本章冒頭で言っておいた他者問題の分かりにくさの、正体が見えてきたようだ。他者問題を本当に立てるということは、自分自身が人間一般の一例であるという自明視された前提をカッコに入れ、その根拠を問うということなのだ。

でも、いったい、そんなことができるのだろうか。それはかなり、不自然で作為的な態度を必要とするのではないだろうか。この疑問に対しては、本章冒頭に戻って答えるほかない。子どもなら、比較的自然にそのような態度を取れるのだ。では、大人（18歳以上）はどうか。ここで、最近、大学生を対象に、講義の時間を使って行ったある「実験」を紹介しよう。それは、本書の「間奏曲」にも出てくるマッハの「自画像」を使い、自分が人間一般の一例であることの自明性の「ひび割れ」を誘発することに成功した実験である。

Y・5　マッハ的自画像の「実験」

まず、講義の時間を使って、次のような実習課題《エクササイズ》を出してみた。

①「自分の眼に見えるがままに忠実に自画像と他者像を一つの画面の中に納まるよう写生して下さい。写真や鏡を使ってはいけません」という指示の下、授業中に画を描く。

②次に、自分の眼に見えるがままに忠実に〈自己と他者〉像を写生する手本として、マッハの自画像に他者が闖入した絵が提示される（図Y―2）。

③次週までに「マッハ的な自己と他者像」を家で描いて来る。

④図1を見る前に描いた絵と見た後で描いた絵とを比較し、どのような変化があったかの考察を、①③の絵と併せてレポートにして提出する。

提出されたレポートには、少数ながら興味深いものがみられたが、なかでも次の例は最も意義深いものであった。

まず①の絵が、教室で隣に座った友人の顔と自分の顔が共に正面を向いて並んでいるという、よくある構図で描かれた（図Y―3左）。

次に③の絵は、ファストフード店で描いたというが、マッハ的自画像が描かれ、視野の奥ではテーブルを挟んで友人が正面を向いて（つまり描き手と正対して）飲み物を飲んでいる（図Y―3右）。

出色なのは次の「④考察」である。

〈考察〉：（i）昔から自画像を書くとなると、なにも考えずに自分のイメージである写真や鏡で見た他人から見える間接的な自分の姿を描いていた。（ii）しかし、今回は自分から見えるがままの自分を初めて描いた。

◆図Y―2　マッハ的な〈自己と他者〉像

◆図Y―3　実習で描かれた自己と他者像
（左：見本提示前、右：見本提示後）

（iii）ここで私は、普段自分を、絵を書いた中の他人と同じ人間の一人として捉えていることに気づいた。（iv）そして自分は本当に他人と同じ存在であるのか（うまく表現できないが）という不思議な感覚も感じた。（註　文章に振られた番号は引用者による）。

これだけではわかりにくいので解説を加えよう。

文章（i）と（ii）はそれぞれ、マッハ的自画像を見る前（図Y―3左）と見た後（同右）に描いた絵に対応している。

文章（iii）「普段自分を、絵を書いた中の他人と同じ人間の一人として捉えている」とは、日常、（「間奏曲」でいう）上空飛行的視線によって鳥瞰される無数の人間達の一人としての、つまり〈人間一般〉の一例としての自己を自明として生きていた、という意味である（上空飛行的視線から俯瞰される世界像が図Y―4であるが、「間奏曲」の図X―1左図の再掲なので、説明も「間奏曲」を参照してほしい）。

文章（iv）は、マッハ的に〈自己と他者〉像を描くことで、人間一般の一例としての自己の自明性が、いわば「ひび割れた」事態を示している。それが、「自分は本当に他人と同じ存在であるのか（うまく表現できないが）という不思議な感覚」という表現になっていると思われる。

そして、この「不思議な感覚」と言う表現こそ、「間奏曲」で、そして「プロローグ」の最後でも定式化した「人間的世界経験の根源的パラドックス構造」の、体験への浮上を示すものと考えられるのである。念のため、この定式をくりかえしておこう。「私は自分が人間一般の一例であることを知っているが、人間一般は直接には経験されない（現象しない）。直接経験されるのは自己と他者のみであるが、私はそのことを知らない（自覚しない）」。実習で描かれた絵に即して言うと、Y―3左図が、最初、「私は自分が人間一般の一例であることを知っている」がために描かれたのである。ところが、Y―3右図を描くことを通じ、「人間一般は直接には経験されない。直接経験されるのは自己と他者のみである」ことに気が付いた。まさにこの、「知っている」ことと、「直接経験される」ことの間のパラドックスの「自覚」が、「不思議な感覚」を生み出したのである。

Y・6　他者問題への真の出発

鋭い読者なら、ここで、「ちょっと待った」と言いたくなるだろう。「なるほど私は今、パラドックスを自覚した。けれども、それは、この本に引用されている学生と言う他者に生じたパラドックスの自覚に教えられてのことだ。いったい、人間という人間に同じようにパラドックスを自覚する可能性があるというのが、この実験結果の示唆するところではないか。そうだとすると、私は、〈パラドックスを自覚可能な人間一般〉の一例と言うことになり、図Y―4の上空飛行的に見た世界へと戻ってしまうのではないか」と。

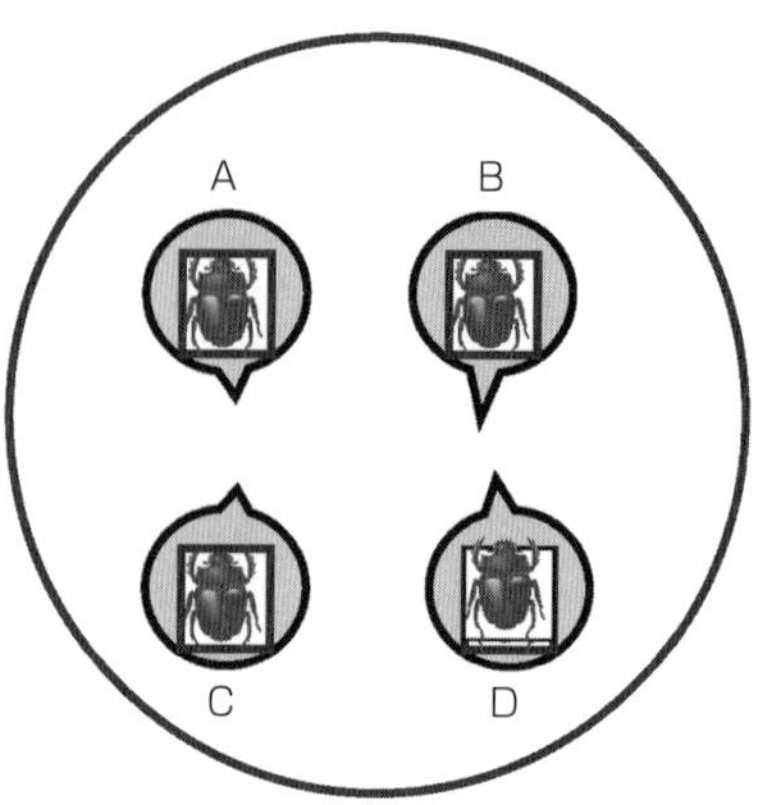

◆図Y—4　私が「知っている」人間的世界
※上空飛行的視線の下、各人の頭の中に「ウィトゲンシュタインのカブト虫箱」が描かれている。

これでようやく、他者問題を正しく立てることのできる地点まで来た。なぜなら私は、次のように反論できるからだ。

「いったい、他人という他人が自分と同じようだということがどうして分かるのか。私はこの学生の内省報告テクストを、自分自身の体験報告として、一人称的に読んだのだ。これはけっして特殊な読み方ではない。小説を読む際には、無意識のうちに主人公の体験を自分自身の体験として、ハラハラドキドキしながら読むではないか。」

そう、他人が自分と同じようだということがどうして分かるのだろうか。これが他者問題の出発点だ。そして、このように、人間的世界経験のパラドックス構造をはっきりと自覚して出発するからには、もう、他者類推論者のようには、「自分を含む人間一般」を、無意識の前提として用いて論点先取の誤謬を冒すおそれはなくなっている。それは、他者問題の前提ではなく、目標なのだから。

「間奏曲」の末尾、図X—2で描いたように、マッハ的自画像に現れた「他者」から、上空飛行的世界に現れる「人間一般」への道に立ちふさがるのが、他者問題なのである。

このような意味で、他者問題を正しい位置に立て直し、他者問題への真の出発を遂げたのが、フッサールの現象学だった。そろそろ、リップス後の、他者問題の歴史に戻ることにしよう。

Y・7　他我の直接知覚説――他者認識という問題設定の背理

本書第5章（現象学）の最後の節（5・10）で触れたように、フッサール現象学の方法は現象学的還元だ。つまり、思い込みの知識については判断停止（エポケー）を行ってカッコ入れし、確実で明証的な知識、直接経験の世界から出発して、一歩一歩、あらゆる知識の根拠を明らかにしてゆくという方法だ。判断停止《エポケー》を受けるべき最大の思い込みは、「客観的世界」が存在するという信念、「世界信憑」だ。この信念を反省するならば、それは、本書の図解システムでいえば、図Y−4のような上空飛行的視点でイメージされた世界像を、自明として疑わない態度であることが分かる。これを「自然的態度」という。それに対して、現象学的に還元された世界、直接経験の世界は、図Y−2のようなマッハ的自画像の世界といえる。だから、他者問題への真の接近法は、現象学的還元と共に始まるといってよい。

けれども奇妙なことにフッサールは、後期にいたるまで、他者問題に本腰を入れて取り掛かろうとしなかったように見える。現象学的還元のアイデアを展開している中期の代表作『イデーン』（渡辺二郎（訳）1978 みすず書房（原著 1913））でも、主として取り組んでいるのは、サイコロの正面しか見えない場合、いかにして側面と裏面と底面を備えた客観的実在としてのサイコロの信念に達することができるかといった、物体的世界の存在をめぐる問題である。他者問題については、リップス由来の感情移入というアイデアをいかにして現象学的方法へと脱退換骨してゆくかについて、色々思索を凝らし始めたといったところにとどまる。結局フッサールも数学者出身だけあって、そしてまた西洋哲学の伝統もあって、その関心はもっぱら数学的真理や物体的世界の実在性の問題に集中していたと見受けられる。

フッサールがそんな段階にとどまっている間に、彼の初期の弟子であるシェーラー（Max Scheler 1874-1928）がリップスの感情移入説を批判して、独自の他者認識説を提起した。それを、他我の直接知覚説という。

1923年発表の『同情の本質と諸形式』（青木茂・小林茂（訳）1977 白水社）によると、類推説と感情移入説には共通の誤った二つの前提があるという。それは、

①他者はまず、身体として、いいかえれば私の身体と類似した物体として私の前に出現する。他者の心は、他者の身体という物体を手掛かりとしてのみ、認識される。

②自己認識は他者認識に先行する。

という前提である。この二つの前提が合わされれば、他者（他者の心、他我）の認識は、自己（自己の心、自我）に似たものの存在を推論するか（＝類推説）、自己を他者の物体的身体に移入して分身を作るか（＝感情移入説）のどちらかしかなくなる、ということになってしまうのである。

シェーラーに言わせると①②とも間違いであるが、ここでは発達心理学的議論の必要な②は紙面の都合で省略して、①に焦点を合せよう。彼の、①への反論をまとめて箇条書きすると、次のようになる。

- 他者（の心）の存在を推測する必要は全くない。他者は、物体と同様に、直接知覚される。
- なぜならば、他者の「笑顔」を、「物理的な顔面のゆがみ」として知覚するのはそもそも不可能だから。必ず「笑顔」として、「楽しい感情を意味する表情」として、知覚してしまう。
- 「未開社会」や幼児心理の研究でも明らかなように、意識の発生過程でまず始めに認知されるのは、死せる自然、無生気な物体ではない。
- 「未開人」や幼児にとっては、全世界が一個の巨大な「表情野」であり、そこから結節点として個々の他者が、また死せる物体が分化する。

こうしてみると他我の直接知覚説は、なかなかに意表を衝くものだと分かる。他者の心は直接経験できないという思い込みそのものを、論駁しようというこころみなのだから。なるほど、他人の笑顔は必ず、楽しい感情を意味する表情として知覚されることは確かだ。それはちょうど、やや歪んだ赤色の円盤が必ず、見えない部分を備えた立体としての赤いリンゴを意味する知覚正面として知覚されるのと同じだろう。メルロ＝ポンティや、現代に跳んでデンマークの、いま最も注目される現象学者である後出のダン・ザハーヴィにいたるまで、直接知覚説を採る論者は少なくない。

けれども直接知覚説には大きな難点がある。なによりもシェーラー自身がそれを弁えていたように私は思う。シェーラー哲学では、人間と言う存在は4層からなる。下から順に、物理的な層、生命的な層、心的な層、そして「人格」だ。喜怒哀楽など他者の表情において直接知覚できるのは、心的な層に限られる。これに対して「人格」は人間存在の核であって絶対に対象化して認識することができない。対象化したら最後、人格を「心的な層」に下落させることになる。だからそれは、お互いに「愛」においてのみ「開示」される、というのである。

ここには、他者問題を他者認識問題としてとらえた場合に必然的に出現する、難問《アポリア》の萌芽がみられる。他者認識とは、他者の表情を喜怒哀楽として認識することに尽きるのではない。自分を振り返ってみても、私は喜び怒り悲しみ楽しむだけの存在ではなく、自分の喜びや悲しみを意識している存在である。つまり、自己意識的存在だ。だから他者認識とは、他者の自己意識を認識することでなければならない。実際、これは容易なことではない。

そもそも、自己意識には二重性がある。心理学における「自己」論の創始者であるウィリアム・ジェームズ（W.James 1842-1913）が、自己を意識するとき自己は意識する自己と意識される自己へと分裂するとして、前者を主我（I）、後者を客我（Me）と名づけたという話を、読者はどこかで読んだことがあると思う。ジェームズは、経験的心理学的研究の対象としては客我のみに限定して、主我の方を「哲学者のいう純粋自我」と呼んで経験的研究の対象から外してしまった。当然のことだ。主我を認識し研究対象にしているつもりでも、対象化された自己はすでに主我ではなく客我にすぎないのだから。主我は捕まえようとして常に、捕まえるという認識行為の背後にのがれ去ってしまうのだ。

自分の主我でさえ認識しそこなってしまうのに、まして他者の主我（other's I）が認識できるわけはない。直接知覚説ふうに他者を認識できたとしても、それは認識の対象の方、他者の客我の方であって、認識する自己、ジェームズのいう「意識する方の自己」（主我）はあくまでも、他者のではなく私の主我になってしまうのだから。

こうしてみると、他者を「認識」するという問題設定自体に、背理が含まれているようにも思われてくる。だから、思うにシェーラーも、「愛」などと言わざるを得なかったのだろう。けれどもフッサールは、多方面に才能を発揮して知識社会学と言う分野まで切り開くようなこの弟子の思考法を、厳密さを欠くと批判していたらしい。愛なら愛で、愛の体験に現象学的還元を行って、絶対に対象化されないはずの他者が「開示」されるという確信の条件を分析しなければならない――。フッサールならこう言っただろう。後期の代表作『デカルト的省察』（巻末ブックガイド参照）でフッサールが試みたのが、まさにそのような、他者経験の厳密な現象学的分析だった。

Y・8　『デカルト的省察』におけるフッサールの他者論

フッサールの他者論を、第5章でも言ったように、間主観性論という（英語で intersubjectivity。相互主観性という訳もある）。なぜ他者論と言わず間主観性論と言うかを正確に説明すると長くなるので後のザハーヴィの節に回すことにして、ここではとりあえず、主観と主観の間の関係の問題というように理解しておいてもらおう。代用的に「他者論」の語も用いることにする。

『デカルト的省察』で、それも全5章仕立ての最後の第5章でフッサールがこころみるのは、一種の思考実験だ。原文は難解な上、そもそもなぜこのような思考実験を企てるかの理由からして、フッサール現象学への全般的な理解が最低限必要となる。ここでは、「だれでも分かる」ということを目標とし、専門家筋からの非難を恐れず、フッサールの他者論を思い切って再構成して述べよう。

A　他者問題の難問性を、これまで検討した他者論に即してまとめると――

①類推説は論点先取の誤謬である。
②感情移入説では、移入された私の感情が私のでなく他者の感情として感じられる理由が説明できないので、他者は私の分身となってしまい、独我論を免れない。
③直接知覚説では、対象化されない純粋に認識主体である「純粋自我」、ジェームズのいう「主我」にまで到達できない。

ということになる。ここで、『デカルト的省察』に出てくるフッサールの用語である「モナド」を導入しよう。すると、③は、新たに、「直接知覚説では（感情移入説もそうであるが）、他の「モナド」の中心としての他者へと到達できない」、というように表現されることになる。

「モナド」などという難しい哲学用語を使って申し訳ないが、フッサール他者論の特徴をよく表す語なので、使わないわけにいかない。モナドとは、元々、ライプニッツ（G. W. Leibniz 1650–1729）哲学の中心概念で、「単子」と訳される。フッサールはこの語を、〈いま・ここ〉にいる私を中心に広がるマッハ自画像的現象世界としての小宇宙を意味するものとして使っている。真に私と対等な他者は、他のモナドの中心として存在する「他の私」（他我）であり、別の「ここ」でなければならないから。フッサールは自己を根源的に理解しようとしたひとであったが、他者をも自己と同等に深い水準で理解するということを、他者を自己との「等根源性」をもって理解する、という。

フッサールにとって自己を根源的に理解するとは、「絶対のここ」として自覚することである。根源的な自己の自覚にはもちろんフッサールは現象学的還元によって達するのであるが、児童期にもそのような深い自己の自覚が生じることがあり、私はそれを自我体験と呼んでいる。

【自我体験事例】6歳か7歳くらいの頃、ある晴れた日の正午ちょっと前、二階の部屋にいて、窓からさしこむ日差しをぼーっと見ている時に、「私はどうして私なんだろう、私はどうしてここにいるんだろう」と思った（20歳／女性）。★4

★4：拙著『フッサール心理学宣言』（p.2）。ちなみに、前述の独我論的体験と自我体験を併せて私は、〈発達性エポケー〉と名づけている。現象学的精神医学のブランケンブルクは、統合失調症の症状のあるものを自然発生的現象学的還元と解して〈統合失調症性エポケー〉と名づけたが、発達性エポケーはいわゆる定型発達の途上、主として児童期に出現する自然発生的な現象学的還元である。

この事例で、「ここ」の表現が出現していることに注意してほしい。

つまり、他者を自己と等根源的に理解するためには、他者を〈そこ〉で認識していてはだめで、〈ここ〉で認識しなければならない。けれども、感情移入説にせよ直接知覚説にせよ、そこに見える表情に私の喜びを移入して喜びを伴う微笑として感じたり、そこに見える表情を喜びを意味するものとして知覚するのである。だから、いくら感情移入や直接知覚を重ねても、他者は常に〈そこ〉にしかいないので、自己と等根源的な「絶対のここ」という意味は出てこない。この点を図解すると、図Y－5のようになる。

B　『デカルト的省察』における他者論の狙い

Aにまとめた他者問題の難問性をふまえればフッサールの狙いは、個別的な感情移入や直接知覚を積み重ねて他者に到達するのでなく、一挙に「別のここ」を構成して他のモナドに到達すること、と

ここにある喜びを**そこ**にある微笑に
移入する／そこにある微笑を**そこ**で
喜びとして直接知覚する

◆図Y—5

なる。

そのために、一種の思考実験を行う。フッサールはこれを、「特別なエポケー」という一種の徹底的な現象学的還元で始める。

①私が他者の痕跡さえない世界、物体的自然の世界に住んでいるとする。私は未だ他者が存在することさえ知らない、生まれながらのロビンソン・クルーソーである。

②物体的自然の中でも、自分の身体だけは特別な存在である。それは、感覚の座であると同時に、「自己」を支える「ここ」の座だからである。つまり、徹底的な現象学的還元、特別なエポケーを受けた世界の中心に位置するのは私の身体である。

③そこに、一つの「物体」が現れるとする（他者の身体なのだが、まだ「身体」という意味を持たない）。

④物体は私の身体に似ている。そこで、「対化」（私の身体とそこにある物体が対を形成する）の現象が起こり、「類比化的統覚」によって物体は「身体」の意味を獲得する。

ここでまた、統覚（Apperzeption）などという難しそうな言葉が出てきてしまった。これは元々カント哲学の用語だが、ここでは、単純な知覚（Perzeption）と区別して、想起や予期、想像、キネステーゼ（運動感覚）などのさまざまな意識の働きを取りまとめて統一的に対象を把握すること、としておく。なお、統覚の語は、19世紀のドイツの心理学者、たとえばヴントによっても普通に心理学用語として使われていた。これが現代心理学でなじみがなくなってしまったのは、イギリス連合心理学（第3章参照）の影響で、20世紀心理学が原子論的傾向を取るようになったからだろう。

⑤この、新たな身体を自己の身体とする他者と、他者にとっての現象世界（＝他のモナド）とが、私と私にとっての現象世界の「志向的変様」として現れる。

⑥志向的変様とは、「ちょうど私がそこにいる時のように」そこから現象的世界がひらけ、その中心としての身体を「ここ」とする「他の私」（他我）が構成されるということ、と考えてよい。つまり、他者とは、ある特殊な意味で私の変様（ヴァリエーション）なのである。

C　『デカルト的省察』への批判

以上、まとめたフッサールの説に納得がいったという人はいるだろうか。きっと、いないに違いない。実際、発表いらい、多方面から、この説は批判を浴びてきた。たとえば——

「対化」や「統覚」や「志向的変様」といったモノモノしい言葉を用いているが、リップスの感情移入説の、それこそ変奏《ヴァリエーション》に過ぎないのではないか。

リップスが自認した感情移入説の問題点（移入された自己がどうして自己ではなく他者と感じられ

るのか）が、ここでも問題になってしまう。そこにある身体を中心として開けたモナドが、どうして「私のもう一つのモナド」でなく「他者のモナド」として感じられるのか。等など。

それでも、少なくとも、個々の感情の個別的な移入を積み重ねて他我を合成するという感情移入説よりは、一挙に、「ここにいる自己」を移入するという点で、前進と思われる。

けれども、この、類比化的統覚の説に対して、その含む矛盾を明快にえぐり出して、徹底した内在的批判を行ったのは、フッサールの孫弟子にあたる、クラウス・ヘルトだった。[★5]

★5：クラウス・ヘルト「相互主観性の問題と現象学的超越論的哲学の理念」坂本満（訳）1986 ロムバッハ・リクール・ラントグレーベ他『現象学の展望』新田義弘・村田純一（編）国文社 pp. 165-219.

Y・9 ヘルトによる『デカルト的省察』への内在的批判

内在的批判とは、『デカルト的省察』前後に書かれたと思われる遺稿集をも含めて忠実にフッサールの他者論関係の文献を読むと、そこにフッサール自身が気づいていなかったと思われる矛盾が出てきてしまうのでこの他者論は失敗である、とする批判のことだ。内在的批判は外在的批判より、はるかに手ごわい。外在的批判なら、単に、フッサール他者論の狙いどころを理解していないだけだ、と切り返せばよいのだから。

さて、ヘルトの内在的批判を、フッサールやヘルトの文章から離れてかみ砕き、以下のようにまとめよう（フッサールやヘルトの訳文も引用したちょっとばかり詳しい解説は★7にまとめておいたので、ドイツ語の心得のある読者は参照してほしい）。

そこに、花子が立っている。花子は私にとって他者である。より厳密にいうと、私は花子を、複雑な形状をした物体としてではなく、私と同じように心を持ち、そこを〈ここ〉として私のと同じようなそれ自身の体験世界が拡がっていると信じている。

この確信はどこから来るのか。フッサールはそれを、二種の意識の協働作業によるとした。第一に、「あたかも私が今、そこにいるかのように想像すること」である。そのためには、私の身体が現に花子の身体であり、つまり私は花子である、と想像することになる。けれども私はこれが想像に過ぎず虚構に過ぎないと、知っている。

そこで第二に、「私がそこにいる時にそこを〈ここ〉として体験世界が開ける」という、時間的仮定に基づく想定意識を、フッサールは付け加えた。けれども、私が現にそこにいない以上、私がそこにいるのは過去か未来かになってしまう。ましてこれを、私が過去か未来かに、「花子であった／であるだろう」と想定する、という意味にとらねばならないとすると（じっさい、そう取らねばならないではないか！）、ますますおかしな想定である。★6 このように異質的である第一の想定意識と第二の想定意識とをいくら協働させても、他者の実在の確信が生成するとは思えない。★7

★6：私はこの想定を文字通りに理解すべきであると考え、「他者とは、すでに想起されず、いまだ予期されていない私のことである」という、「フッサール他者論の時間差解釈」を唱えている。拙著『フッサール心理学宣言』第9章および、科学基礎論学会２０１３年度総会と講演会個人講演要旨「渡辺恒夫：フッサール他者論の時間差解釈」参照。

★7：ヘルトによると、フッサールは異質の2種類の意識の働きの協働によって、類比化的統覚が成立するとした。なぜなら、この類比化的統覚「ちょうど私がそこにいる時のように（wie wenn ich dort wäre）そこから現象的世界がひらけ、その中心としての身体を『ここ』とする『他の私』（他我）が……」（『デカルト的省察』p. 213）という場合の文は、二重の意味を持つからだ。

①「あたかもそこにいる他者の身体をここととして世界が開けているかのように私は想像する」という虚構的意識（＝空想）。この

意識は、「あたかも私がそこにいるかのように」(als of ich dort wäre) という言い方で表されるであろう。けれど私はそれが虚構であることを知っている。

② 「私がここにいるのと同時ではない過去か未来かに、私はそこ（他者の身体）にいることができる」という時間的想定。この想定は、「私がそこにいるならば」(wenn ich dort bin) という定式で言い表されるであろう。

『デカルト的省察』では二種類の意識は区別されていないが、この二種類の意識のはたらきの協働によって他者の身体の類比化的統覚が成立するのでなければならないと、フッサールは多かれ少なかれ明確に、遺稿で述べている（ヘルト　p. 181）。けれども、これら2種の意識の働きは全く異質なので、いくら協働しても、目の前の他者の身体を「ここ」とするモナドが開けるという確信は形成されないのではないか。これが、ヘルトによる批判の結論となる。

Y・10 フッサール間主観性学派の逆襲――ザハーヴィの可能的他者の説

ヘルトの批判はよくできたものだと思うし、フッサール現象学派なら真剣に受け止めなければならないはずだが、なぜか反発の声も少なくない。その原因の一つは、『デカルト的省察』が書かれた「後期」から、『ヨーロッパ学問の危機と超越論的現象学』が書かれた「晩期」にかけてのおびただしい未発表の草稿と遺稿とが続々編纂公刊されたことにある。なかでも、他者論関係の遺稿が『間主観性』という大部の三巻本としてまとめられたことは大きい。★8 抄訳版の編訳者が「まえがき」で言うように、現象学の精神を引き継いでいったハイデガー、レヴィナス、シュッツ、サルトル、メルロ＝ポンティ、デリダなどの多くの哲学者たちが、「多かれ少なかれそれぞれの仕方で『他者』の問題に取り組んできたのも、決して偶然のことではない」のであるが、「ここで強調してもよいのは、この三巻本に残された記録は、先に名前を挙げた哲学者たちがほとんど知らなかったものであり、そこに彼らの知らなかったフッサールの姿を見ることができることである。★9」

★8：Nijhoff, M. 1973 *Zur Phänomenologie der Intersubjektivität: Texte aus dem Nachlass* (*Husserliana: gesammelte Werke* /

Edmund Husserl; Bd. 13, 14, 15).

★9：浜渦辰二　2002「まえがき」（フッサール『間主観性の現象学Ⅰ』浜渦辰二・山口一郎（編訳）筑摩書房）

もちろん、上記のヘルトの批判が現れた時期にもすでに原著三巻本は公刊されていて、ヘルトもそれを引用している。けれども、フッサール研究の有様をシロウトながら時々かいまみて思うのだが、これは聖典注釈学ではないか、ということだ。昔の哲学者はほぼ例外なく聖職者であって、聖書やヴェーダ、仏典といった聖典を自らの問題関心に引きつけて読み、膨大かつ矛盾しあうことも少なくないテクスト群の注釈にかこつけて、自らの哲学を展開していったのだから。ともあれ、ヘルト以後の新しいフッサール研究の流れとして有力なのが、フッサール間主観性学派とでも呼べる傾向だ。それは、方法的独我論を取り意識の反省を通じて世界の存在を基礎づけようとした孤独な哲学者というフッサール観は正確ではない、フッサールの究極の関心は間主観性論にあり、自己と他者とが対等の人格として愛憎しあう人格共同体の基礎づけこそ、その目指すところだったのだ、とするフッサール解釈のことだ。そのような、間主観性学派の新しい世代を代表する存在として、最近注目されているデンマークのザハーヴィを取り上げよう。

ザハーヴィには、間主観性学派の立場からのフッサール入門書としては最良ともいえる『フッサールの現象学』（巻末ブックガイド参照）が訳されているが、そこではフッサールがなにやらシェーラー的な他者の直接知覚論者であったように描かれている。けれどもこれは正確ではないので、より精緻なフッサール他者論解釈は、それ以前に書かれた『フッサールと超越論的間主観性』にある。[★10] 以下、紙面の都合で、思い切り単純化してザハーヴィの説を紹介しよう。[★11]

★10：Zahavi, D. 1996 *Husserl und die transzendentale Intersubjectivitat* (*Phaenomenologica 135*). Kluwer/Springer.（Engl Translation: 2001 Husserl and transcendental Intersubjectivity. Series in Continental Thought 29. Ohio University Press, Athens）

★11：この要約には、村田憲郎「私の視野における潜在的他者の視線について：渡辺恒夫氏『フッサール心理学宣言：他者の自明性がひび割れる時代に』」（心の科学の基礎論研究会（２０１３年10月、明治大学）配布資料）および、村田氏との直接の対論を参考にさせていただいた。そもそもザハーヴィや次節の田口茂の議論を知ったのは村田氏の教示によってであって、氏には感謝している。ただし、本節の議論にはすべて私が責任を負うことは言うまでもない。

その議論の特徴は、ヘルトのように他者論を他者に焦点を当てて論じるのではなく、事物が客観的に存在するとはどういうことかという、客観的世界の存在の信念、世界信憑の問題の、一環として他者を論じているところにある。念のため、第5章の末尾での、フッサールの議論を振り返ろう。

目の前の茶色い花瓶は前面しか知覚されていないが、直接知覚されていない裏面や底面が存在することを、私は信じている。つまり花瓶は客観的に存在する。これと対照的に、「白雪姫」は、客観的に存在しない架空の存在であることを、私は知っている。そこで、花瓶の裏側を志向する意識の構造と、白雪姫を志向する意識の構造とを比較し、後者にはない意識構造が前者に見いだされ、それが「見えない裏面が存在する」ことの意味を構成していることが明らかになれば、それが、「客観的に存在する」ということを基礎づけることになるだろう。

第5章では詳論しなかったが、白雪姫の想像と花瓶の知覚の意識構造の決定的な違いは、運動感覚の有無なのだった。私は花瓶のまわりを回る。すると足の運動感覚が変化し視野も変化し、それと共に見えなかった裏面が現れる。このように共通感覚的な運動感覚をフッサールはキネステーゼと呼んで、客観的世界の構成に当たって本質的な役割（超越論的機能）を与えているのだ。[★12]

★12：ここで「基礎づけ」「構成」という分かりにくい語が頻発しているが、たとえばフッサールが「間主観性の構成」という場合は、「自分が主観であるように他者も主観であるという確信の生成」であり、その「基礎づけ」とは、「そのような確信がいかにして成立するかの条件の分析」のことだと、理解しておいてほしい（竹田青嗣 2012（巻末ブックガイド参照）も参照のこと）。この確信成立条件の分析と、発達心理学的な他者理解成立の問題とを、区別することは重要だ。前者では（フッサールはこれを超越論的発生的現象学などというが）、あくまでも現象学的反省の方法を用いて、確信の源泉たる「明証性ある現象」に遡って、確信がどのように構成されているかを分析するのである。

ここで、裏面が現れても代わって今までの正面が裏面になって見えなくなるから同じことではないか、という反論が出るかもしれない。けれども、花瓶のまわりを回りながら私は見えなくなった面をいちいち「想起」や「想像」するわけではない。なるほど想起したり想像したりするならば、そこには「いまは存在しない」という意味が含まれてしまう。けれどもフッサールの時間論では、いましがた見えなくなった面は、能動的に想起されるまでもなく「現在時間」の中にとどまって「過去把持」されているのである。「現在」が瞬間ではなく「主観的現在」として拡がりを持つことは、ウィリアム・ジェームズなども言っていて実験的にも検証されているが、フッサールの「現在」は、キネステーゼと結びついているところに特徴がある。さらに花瓶のまわりを回ると、今度は次の側面が見えてくると自ずと予想が働く。この予想は、能動的な想像による「予期」とはちがって、意志とかかわりなく自ずから「受動的」になされるので、フッサールはこれを「未来予持」と呼び、これも「現在」に含まれるとした。もちろん未来予持にもキネステーゼが関わっている。このように、過去把持と未来予持と、そしてもちろん、たったいま見えているという「原印象」を含む主観的現在の中でキネステーゼを伴って展開される現象こそが、客観的存在と言う意味を構成する、というのがフッサール中期の代表作『イデーン』での議論である。

ところがザハーヴィによれば、フッサールは後期から晩年にかけて、それでは足りない、と考えるようになったという。つまり、他の主観によっても見られ、他者の視線の対象になる可能性があるという確信があって初めて、客観的世界という意味は完成するのである。花瓶の裏側の存在確信は、もし、今そこに誰かいればその誰かによっても見られるはずだ、という信念をも含まなければ完全ではないのだ。もちろん、現にそこに具体的な他者がいてもいなくとも、この信念は関係ない。「もしも誰かがそこにいるならば」という可能性を言っているのだから、ここでは、可能的他者が、客観的実在の信念の前提になっているのだ。そして、具体的個別的他者とは、この可能的他者を背景として初めて可能になるのだ。このような、具体的な他者経験を可能にする可能的他者と私との関係性のことを、ザハーヴィは「開かれた間主観性」という。

リップスによる類推説批判の眼目が、類推説では他者一般を前提としてしまっているところにあったことを思い出して欲しい。可能的他者とはある意味で、他者一般の機能を果たす。そしてザハーヴィの論法とは、「私は客観的世界の存在を信じている、ゆえに、その前提である可能的他者の存在も信じていることになる」というものであることになる。

読者はこの議論をどう思われるだろうか。私はこれにはまったく納得がいかない。より理解しやすいこと（＝花瓶の裏側の存在）をより理解しにくいこと（＝可能的他者の視線）によってわざわざ理解し直そうという、論理の転倒としか思えないからだ。最近、テレビで、認知症の第三のタイプの特集があった。アルツハイマー型、脳血管性に続いて発見された第三タイプといわれるレビー小体型認知症では、ありありとした幻覚をみるところに特徴がある。たとえば、高齢の患者さんが、壁のところに子どもが立っていると騒ぎたてる。そんな場合、まわりが「いないですよ、幻覚ですよ」と言って聞かせても効果がない。効果的なのは、壁のところまで本人を連れて行き、壁に触らせて、触覚的に幻覚だと実感させることだという。他者の証言よりも、自分自身のキネステーゼ的共通感覚を信用しているのだ。夢でないことを確かめるには自分のほっぺたを抓って見るのがよいという昔からの言い伝えも、これを裏書きするだろう。他人に聞いても夢のなかの登場人物かもしれないのだから。

そして、いったんキネステーゼ的共通感覚によって客観的世界の実在の信念が形成されれば、他者の証言もそれによって理解できることになるのではないか。他人が花瓶の裏側を見て「見えます」と証言するまでの過程も、一連の生理光学的神経科学的過程として説明できるのだから。

けれども、可能的他者の視線の説でもっとも不可解なのは、次の点にある。私は花瓶の裏側だけでなく、壊さなければ見えない内部の実在も信じているし、生命誕生以前の宇宙の実在も信じている。すると可能的他者の視線は、花瓶を四方八方からまた内部から見通し、ビックバンをも目撃していることになる。これではまるで神の視線ではないか。

ここで私は、バークリの神を思わないでいられない。花瓶の知覚正面が存在するとは私によって知覚されていることである。その裏側はそれが他者の心に知覚されているから存在する。だれもいない部屋に置かれた花瓶でも、神の心によって知覚されてるから存在する。もともと英国圏教会の僧上《ビショップ》であったバークリにとって、「存在するとは知覚されていることである」の命題とは、神の存在証明にもあたるものだったのだ。

ザハーヴィのような論理の転倒は、思うに、目をつぶっても花瓶が存在するとはどのような意味かという物体的世界の客観的実在の問題——これが伝統的な哲学史では主客問題（主観客観問題）と言われてきた——の系として間主観性問題を考えるという、中期フッサールの問題意識に、あまりに忠実になりすぎたところにあるのではないだろうか。本来が自然的世界の認識論問題であった主客問題と、人間的世界の認識論問題である間主観性問題とは、切り離した方がよい。なぜならば、「他者」が対を成すのは「物体」ではなく「自己」だからだ。他者問題とは主客問題の一部ではない。「自己とはなにか」という自我問題と対をなす、自他問題の一側面なのだ。なぜならば、すでに述べたように、等根源性の要請によって、自己理解の深まりは他者理解の深まりを要求するから。そのような方面にフッサール他者論を進めたのが、田口茂の「原自我」論である。

Y・11　パラドックスの正体——田口茂による〈原自我〉論

〈原自我〉とはまた厳《いか》めしい語だが、〝Ur-Ich〟の訳である。

〝ich〟がドイツ語の一人称主語（私）、大文字化して〝Ich〟にすると哲学用語になり、「自我」と訳される。〝ur〟は始原を表わすので「原自我」というわけだ。

原自我が出てくるのは、フッサールが生前公刊した最後の著作『ヨーロッパ諸学の危機と超越論的現象学』[★13]だ。通常、『危機書』と略されている。『デカルト的省察』が後期フッサールの代表作だとするとこの書は晩年の代表作で、フッサール最後の境地の集大成として評価が高い。特にこの書を有名にしているのは「生活世界」という語だ。数学や自然科学の概念や法則の源泉は、私たちの生きられた体験世界、つまり生活世界にあるのに、近代科学はその源泉を忘れ、数学で武装し因果法則によって自己完結した世界像を作り上げ、それによって逆に私たちの生活世界をも説明し去ろうとしている、といった趣旨の議論だ。この生活世界論は、メルロ＝ポンティなどを通じて大きな影響を人間諸科学に与え続けているので、読者もどこかでこの言葉を目にしたことがあるに違いない。もちろん生活世界とは、「私たち」という表現がすでに示すように間主観的世界でもある。

★13：細谷恒夫・木田元（訳）2001 中公文庫。ちなみにこの訳書では「原自我」は「根源的自我」と訳されている。

ところが『危機書』を読むと、そのような通りいっぺんの解釈では済まないことに気づく。この書の中心をなし、生活世界論が展開されている「第三部」の最後の4つの節（52－55節）に、謎めいたテーマが新たに出現しているのだ。目次でも第52節が「逆説的《パラドクサー》な不可能性の出現」で、53節が「人間主観性の逆説《パラドキシー》――世界に対する主観であると同時に世界のうちにある客観であること」だ。つまりこの4つの節では、「パラドックス」ということがテーマになっているのである。そして、逆説の解明の途上で出現するのが、〈原自我〉なのである。分かりやすさのためフッサールの文章の引用は避けて、田口による要約を紹介しておこう（『フッサールにおける〈原自我〉の問題――自己の自明な〈近さ〉』2010 法政大学出版局）。

「人間主観性の逆説」は、最終的には次のような問いへと導いてゆく。すなわち、通常は自己自身を「世界の中にいる私という人間」として理解しているが、超越論的還元によって自己自身を「世界構成の主体である自我」として発見するこの「私」とは、いったい「誰」なのであろうか。どのようにしたらこの「私自身」を、それにふさわしい仕方で「見る」ことが、そして理解する

ことができるのだろうか。(p. 112)

この最後に出てくる「私自身」が、〈原自我〉である。

けれども、これでもかなり難解だ。田口のこの本は、『間主観性全三巻』の出版の後にも続々と編纂と公刊が進んでいるフッサールの遺稿集の読解に基づきドイツで出版された学位論文の自己和訳なので、それも当然のことだが。そこで、この文章を思い切ってパラフレーズして、私なりに原自我論を再構成してみよう(だから間違いがあればすべて私の責任である)。

――私は自分を、日常的に(自然的態度のなかで)、客観的世界の中の客観的な「人間たち」の一例として、「世界の中にいる私という人間」として理解している。けれども、そのような、私の意識を超越する客観的世界の実在への確信(=世界信憑)の根拠は何かを反省するという「超越論的な」探求を始めるため、そのような確信をカッコに入れ、エポケーするという、「超越論的還元」を行おう。

その結果、確信形成の場としての現象野が、明証的で絶対確実なものとして残った。この、私を〈絶対のここ〉として広がる世界は、私の「モナド」であり、そこにおいて世界についての確信が形成されるという意味で、私は「世界構成の主体」である。けれども、私はまた、他者たちもまた、各自がそれぞれのモナドの中心であり、そこでは「世界構成の主体」(フッサール用語では「超越論的主観性」)でありうることを、確信している。このような主体としての他者を私は、(『デカルト的省察』の節で見たように)私自身の志向的変様として理解している。

けれども、この「間主観的確信」によると、私というモナドは他の多くのモナドのなかの一つの例に過ぎないことになり、多数のモナドからなる「超越論的間主観性」という高次の客観性を備えた客観的世界の中の、ひとつの客観的存在になってしまう。これでは最初の、「客観的な人間たちの一例」への逆戻りではないか。それゆえ、私は、両立しがたい二つの存在として存在していることになる。これがフッサールのいう、「世界に対する主観であると同時に世界のうちにある客観であること」という「逆説」である。

読者はこれを、本章で取り上げた、「図Y―2」（マッハ的世界の中心としての私）と「図Y―4」（人類の一例としての私）との間のパラドックス構造と、同型的だと思うに違いない。もちろん、自然的人間の多数性と、間主観的世界における「超越論的主観性」の多数性とはわけが違う。けれども、多数であってこの私がその一例である限りは何と呼ぼうが、マッハ的世界における私の唯一性、もしくは「世界を構成する主観」の唯一性は、パラドックスに陥らざるをえないのだ。このパラドックスの運動を図Y―6として図解しよう。

ところが田口によると、原自我論はさらに先に行く。つまり、間主観性、超越論的自我の多数性についての確信が形成されるのも、最終的にはこの私の主観的世界においてなのである。そしてこの私は唯一である。もちろん私は、他者たちもこのような確信形成をしていると考える。けれども、そう考えるのは誰かといえば、この私に他ならない。この最後に出てくる「この私」こそが、〈原自我〉であり、むろん唯一の存在である。

なんだか、当たり前のことを言っているじゃないか、と思うかもしれない。間主観性についての確信が形成される場が唯一のこの私だなんて。けれども、ここで、田口の文章にある最後の部分、「この

◆図Y―6　パラドックスの運動
※両方向的矢印がパラドックス関係を示している。

『私』とはいったい『誰』のことか」に、文字通りに答えてみると、事態は当たり前ではなくなってくる。

原自我とは、この私、つまり、渡辺恒夫のことなのである。

読者は、そんなバカなと抗議したくなるだろう。フッサールが原自我論を書いていた時には「誰」はフッサールだったし、この本を読者が読んでいる時には読者である自分自身ではないかと。けれども、フッサールにしても本書の読者にしても、「他者」であることは確かなので、他者を原自我にしてしまったら最後、またしてもパラドックスに突き返されてしまう。無限ループに終止符をうつには、この私を「渡辺恒夫」（正確に言えば、〈絶対のここ〉がたまたま位置している渡辺恒夫という存在）で終わらせる他ないのだ。原自我が渡辺恒夫であることの発見、これこそが「原自我の発見」にふさわしい意外性というべきではないか（図Y―7）。

これは実は、独我論にほかならない。独我論には二種類が、ダウナー型とアッパー型とがあることは知られてはいない。前者は、自分以外の他者を「ゾンビ」と思う。他者切り下げ（ダウナー）型だ。これがいわば「ふつうの」独我論だ。ところが、独我論的体験の調査のなかで私は、自己切り上げ型の存在を知るにいたった。他者をゾンビと思っているわけでない。他者にも意識があってもよいが、自己の意識は常にそれより一水準高い「超意識」だとするのが、自己切り上げ

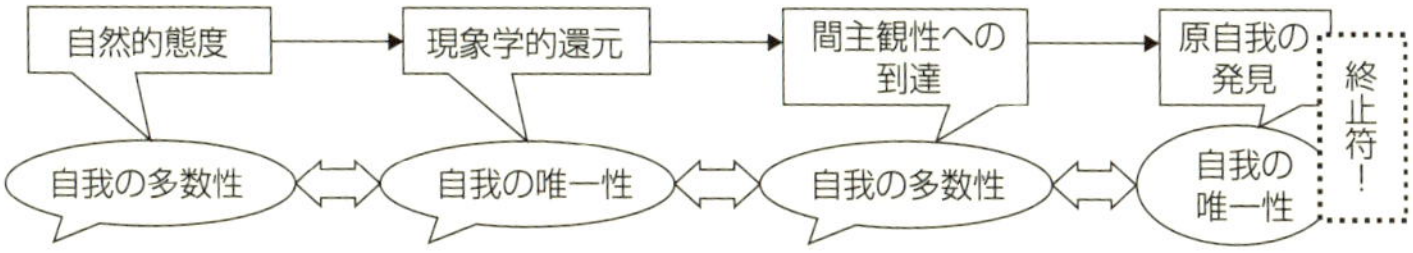

◆図 Y―7　パラドックス運動への終止符

（アッパー）型だ。自己を、人間として生まれた唯一神と信じるキリスト教的な「化身教義」だって、アッパー型独我論の一種として解釈が可能だと私は考えている。★14

★14：このあたりの議論は、拙著『フッサール心理学宣言』（pp. 83-85）に詳しい。

「原自我」論がアッパー型という独我論の一種に行き着くとすると（もちろんフッサールも田口もそのような解釈には反対するだろうが）、自他の等根源性の要請は放棄されねばならないのだろうか。考えてみれば、自己を根源的に理解しようとすると自己の唯一性に行き着いてしまうし、自他の等根源性の要請とは最初からパラドックスを内包した企てだったのだ。では、アッパー型独我論に安住すべきか。

田口はその労作の最後の方で、エマニュエル・レヴィナスにしばしば言及している。フッサール『デカルト的省察』のフランス語版の訳者として出発したレヴィナスにとって、フッサールの他者とは、しょせん、自己の分身に過ぎないものだった。レヴィナスにとって他者とは絶対に他であって、不可知で不可測で、それにもかかわらず私がその存在を肯定しているような存在なのである。

レヴィナスの説は私には、難解というよりあまりにも不明瞭に思えるので、ここでは紹介できない。枚数も超過してしまったし、この辺でペンを置きたいが、原自我からの脱出路として、レヴィナスの道のほかに、田口はフッサールが断固として否定したとくりかえし述べているが、形而上学への道があることを付け加えて置きたい。★15

★15：経験できないことについて語るのが形而上学である。私の「フッサール他者論の時間差解釈」（本章★6参照）も、形而上学だと評されたことがある。

あるいは読者は、ここで文句を言いたくなるかもしれない。「だれでも分かるはずだったのに、だれにもわからなくなってしまったではないか」と。そう、他者問題を正しく立てるところまでは、だれにでもできるが、解決を見いだすのは、だれにでもできるわけではない。それに、これから先は一人で行かなければならない。「他者とは何か」を問うのに、問題になっている当の他者を案内役にするなど、そもそも不合理なことなのだから。

最後に、本章で、他者問題入門を謳いながらも、ウィトゲンシュタインの流れを無視し、現象学でもハイデガー、サルトル、メルロ＝ポンティを無視してフッサール直系の流れに限定した意図を、付け加えておきたい。他者の自明性が史上初めて壊れてしまった哲学者であった天才ウィトゲンシュタインに比べると、フッサールの他者問題への感度は、「並み」の哲学者に近いと私には感じられる。そんな、他者問題の凡才フッサールが前人未踏の他者問題の領野を切り拓くことができたのは、ひとえに現象学的還元を愚直に実行し続けたところにあろう（ハイデガーらは現象学的還元の方法を受け継いではいない）。本書は、書き手はもちろん読み手にも天才は想定していないので、ひたすら凡才の道を行ったのである。むろん、フッサールが本当は何を考えていたのかといった詮索も、フッサールの専門家に任せておけばよいことで、重要なことは、現象学的還元を自分で実行することで、自明だったことの何が自明でなくなり、代わりに何が見えてくるかということにある。

プロローグ

質的研究・質的心理学関連の入門書、ハンドブック類は、本文でも触れたように、近年、多くの種類が刊行されているが、目移りしないよう二点だけに絞って紹介しておく。

◆**ウィリッグ『心理学のための質的研究法入門』上淵寿・大家まゆみ・小松孝至（訳）2003 培風館**（Willig, C. 2001 *Introducing qualitative research in Psychology.* Buckingham: Open University Press.）。本文でも紹介したが、小手先の技術としてでなく歴史的認識論的背景まで含めて質的研究を理解しようとするのなら、まず読むべき本がこれ。

◆**やまだようこ・麻生武・サトウタツヤ・能智正博・秋田喜代美・矢守克也（編）2013『質的心理学ハンドブック』新曜社**　日本質的心理学会10周年記念出版だけあって充実していてしかも読みやすく、初学者にもベテランにも参考になる超オススメ本。ちなみにハンドブックの全6章合計26節中いちばん短いのが「**1・3　質的研究の認識論**」（**渡辺恒夫**）。バカ正直に規定の枚数を守ったのは私だけだった（？）

第1章

◆「自分の目で世界を見ることを学び直す」のが目標の章なので特に参考文献はあげないが、「マッハの自画像」の出典だけをあげておく。**マッハ『感覚の分析』須藤吾乃助・広松渉（訳）1971 法**

政大学出版局（原著は初版1886　邦訳は第7版に基づく）。

第2章

◆操作主義は、アメリカ精神医学会のＤＳＭ（精神疾患の診断の手引）による操作的診断基準を通じて今世紀にも影響を与え続けているにもかかわらず、分かりやすい紹介も批判も日本ではほぼ皆無なのは困ったことだ。本文中でも触れたが、１９５２年初出の、**小川隆　1995「操作主義――心理学の方法論的基礎」梅岡義貴・小川隆・苧阪良二・川村幹・鳥居修晃・野沢震・原一雄（著）『心理学基礎論文集――昭和記念集』新曜社（pp. 3-40.）**が、依然として最良の紹介であり続けている。

◆「科学性」の例解として取りあげた超能力論争については、**石川幹人　2012『超心理学　封印された超常現象の科学』紀伊國屋書店**　が参考になる。

第3章・間奏曲

◆本書の「認識論的解読格子」の原型は**渡辺恒夫・村田純一・高橋澪子（編）　2002『心理学の哲学』北大路書房**　の序論にあるが、「視点の対立軸」を表すのに一人称的／三人称的だの、主観的／客観的だのといったミスリーディングな用語を当てたことが災いして、諸潮流の交通整理ぐらいにしか受け取られなかったようだ。本書では、自己／他者という対立語を正面に打ち出すことで誤解の余地をなくし、また、対立軸が由来する人間的世界経験のパラドックス構造を図解した「間奏曲」を第3章とセットとするという構成にした。だから本書の読者にはもはやこの本の私の手になる「序論」を読む必要はない（?）

第4章

◆**高橋澪子　1998　『心の科学史――十九世紀ドイツ実験心理学の誕生』　東北大学出版会**　が、日本人によるこの時代の本格的な研究書としてほとんど唯一。ちなみに著者の、心の科学史を方法論的革命と認識論的革命のくりかえしとして捉える立体的視座は、本書での、スタンスの対立軸と視点の対立軸による心の科学史の解読方法にも影響を与えているかもしれない。

第5章

◆**スピーゲルバーグ『現象学運動』立松弘孝（他訳）　1999　世界書院**　大部であって初学者向きではないが、現象学史として最も包括的で、特にブレンターノから実験現象学に至るまでが参考になる。

◆**村田純一　1993　「形の知覚――ゲシュタルトをめぐる心理学と哲学」新田義弘（他編）『講座現代思想1――思想としての20世紀』岩波書店（pp. 237-288.）**　現象学とゲシュタルト心理学の関係を、非常に分かりやすく的確にまとめてある。

◆**木田元・野家啓一・村田純一・鷲田清一（編）　1998　『現象学事典』弘文堂**　現象学のことならたいてい出ている便利な事典。

◆**フッサール**関係は付章にまとめておいたが、最近、フッサール現象学を質的心理学の技法へと発展させた、**ジオルジ『心理学における現象学的アプローチ』吉田章宏（訳）　2013　新曜社**（Giorgi.

A. 2009 *The descriptive phenomenological method in psychology: A modified husserlian approach.* UA: Duquesne University Press.）が出たことを、ここに付け加えておく。

第6章

◆**丸山高司　1985　『人間科学の方法論争』勁草書房**　出版以来、再読三読してきた、この分野の白眉。文章も平明で初学者にも薦められる。

◆**ディルタイ・W　「記述的分析的心理学」丸山高司（訳）2003　大野篤一郎・丸山高司（編）『ディルタイ全集第3巻』法政大学出版局（pp. 637-756.）**　ディルタイは日本語版全集が出ているのがありがたいが、心理学関係者ならまず読むべきがこれ。

◆**ハイデガー**は、学生のころ『**存在と時間**』の原書（Heidegger, M. 1927 *Sein und Zeit* Max. Niemeyer Verlag）に触れて以来遠ざかったままなので、パスしたい。代わりに、プロローグ★1で紹介した**ドレイファス『世界内存在――「存在と時間」における日常性の解釈学』門脇俊介（監訳）2000　産業図書**　を薦めておく。

第7章

◆**クーン・T　『科学革命の構造』中山茂（訳）1971　みすず書房**　がまずお薦め。初版（1962）に基づいているので、増補改訂版（Kuhn, T.S. 1970 *The structure of scientific revolution.* 2nd enlarged ed. University of Chicago Press.）に挑戦するのもいいだろう。

◆**ポパー**では本文で引用した本の他に、**『果てしなき探求――知的自伝』森博（訳）1978 岩波書店**（Popper, K. 1996 *Unended quest, an intellectual autobiography.* Fontana/Collins.）がポパー哲学への入門としてもお薦め。

◆**ファイヤーアーベント『方法への挑戦』村上陽一郎・渡辺博（訳）1981 新曜社**（Feyerabend, P. 1975 *Against method: Outline of an anarachistic theory of Knowledgel.* NLB.）。

◆これらの本を読むのもメンドウだという人には、我田引水になるが、**石川幹人・渡辺恒夫（編）2004『マインドサイエンスの思想――心の科学をめぐる現代哲学の論争』新曜社**が、19世紀から現代までの科学哲学の歴史を手際よくまとめていて便利。

第8章

◆**クーン「解釈学的転回」佐々木力（訳）1994**（Kuhn, T.S. 1991 The natural and the human sciences. In D.R. Hiley, J.F. Bohman & R. Shusterman（Eds.）, *The interpretive turn: Philosophy, science, culture.* Ithaca, NY: Cornell University Press.（pp.17-24.））**は、『講座現代思想10 科学論』新田義弘（他編）岩波書店（pp. 97-108）**に収録されている。このアンソロジーは他にも興味深い論考を収めているが、玉石混交なので注意を要する。

◆**ギアーツ『文化の解釈学』吉田禎吾・柳川啓一・中牧弘允・板橋作美（訳）1987 岩波書店**（Geertz, C. 1973 *The interpretation of cultures.* NY: Basic Books.）も名著であるがアンソロジー形式を取っているので、文化人類学全体には関心の届かない読者でも、つまみ食いできるのがありがたい。

◆**ブルーマー『シンボリック相互作用論』後藤将之（訳）1991 勁草書房**（Blumer, H. 1969 *Symbolic interactionism.* New-Jersey: Prentice-Hall.）は、現代の質的研究ルネッサンスの源流の一つになった重要文献。私は数年前に初めて読んで、予想以上の議論の精緻さに驚いたことがある。

◆解釈学的転回といえば**ガダマー**だが、主著『**真理と方法Ⅰ～Ⅲ**』**轡田收（他訳）1986-2012 法政大学出版局**には手こずった経験があるので、**G・ウォーンキア**による入門書『**ガダマーの世界**』**佐々木一也（訳）2000 紀伊國屋書店**（原著 1987）をあげておきたい。

第9章

◆**ウィトゲンシュタイン**を読むなら『**哲学探究**』よりも『**青色本**』**大森荘蔵（訳）2001 ちくま学芸文庫**を薦めたい。分量も手ごろだし、戦後日本が生み出した最高の哲学者の手になる訳文も見事だ。

◆**フーコー**は本文では省略したが、読みたいという人にはまず、『**言葉と物**』**渡辺一民・佐々木明（訳）1974 新潮社**（Foucault, M. 1966 *Les mots et les choses.* Editions Gallimard.）を薦めておきたい。

◆**ガーゲン『あなたへの社会構成主義』東山真知子（訳）2003 ナカニシヤ出版**（Gergen, K. 1999 *An invitation to social construction.* London: Sage.） 明快かつ圧倒的な語り口に、さすが社会的構成主義の旗手と感心しながら読んでいたら、次の文章が目に飛び込んできてひっくり返ってしまった。

私が、かつて日本を訪問した時のことです。ある年配の日本人教授が、自分が感じている寂しさと孤独を、私に打ち明けてくれました。彼は、第二次世界大戦後に、アメリカが日本の大学をアメリカ式に改革した時のことを、苦々しげに語りました。彼によれば、改革以前には、日本の大学の教授たちは全員で一つの大きな研究室を共有していたそうです。「私たちは、よく一緒に話をしたり笑い合ったりしたものです。ところが、アメリカ人はそのことを『遅れている』とみなし、それぞれの教授を個別の研究室に閉じ込めてしまいました。今ではもう、他の教授と話をすることもほとんどありません」と彼は言いました。職場における個人主義、それは苦い影響をもたらしたのです。このような文化帝国主義のもう一つの例として、ニュージーランドの先住民であるマオリ族の一人の語りに耳を傾けることにしましょう。（以下略）（p. 27）

私がひっくり返ったのは、最初の就職先の大学には共同研究室しかなくて馴染めなかったところ、何年かして見兼ねて先輩の一人が私のためにわざわざ研究個室を手配してくれた、という個人的な思い出があるからだ。そもそも戦前の「大学教授」はエリート階層出身で自宅には居心地の良い書斎があったのに、今の高学歴ワーキングプアを脱したばかりの「研究者」は2ＬＤＫのマンションに家族で住み、大学では「談笑」でなく「研究」をする必要があるという、日本の住宅事情がここでは無視されている。それは措くとしても、「職場における個人主義」の実現が、人付き合いの苦手な私には快適な効果をもたらしたことは確かだ。これって、ガーゲン先生、文化相対主義の名の下にかえって文化的ステレオタイプの陥穽にはまってしまっていませんか？

そういえばガーゲンが共編者の *"Texts of Identity"*（第9章★5参照）でも、Slugoski, B.R. &

Ginsbrg, G.P.（"Ego identity and explanatory speech", pp. 36–55）が、「日本では場がどう変わろうと首尾一貫した言動を取る人間は未成熟で気配りがないとみなされる」という説を引き合いに出して、エリクソンの自我同一性概念を、近代・西洋・男性中心として批判する議論を展開している。こういった日本の間人主義（笑）といったものを引き合いに出しての西洋個人主義の自己批判を目にするたびに、一種のオリエンタリズムを感じてしまうのは私ひとりではあるまい。私は文化相対主義をあまり信用していないが、それは、文化の違いよりも個人間の違いの方がはるかに大きくて重要だと思うからだ。級友や同僚や家族でさえ異邦人と感じる一方、国も時代もはるかに隔たった人の作品に魂の友を認めることだってあるだろう。

ちなみに『あなたへの社会構成主義』は、その後は話半分に飛ばし読みしておきました。「近代・西洋・男性」（笑）による、壮大な自虐趣味の物語として。

◆**ガーフィンケル他『エスノメソドロジー――社会学的思考の解体（新装版）』山田富秋・好井裕明・山崎敬一（編訳）2003 せりか書房**　エスノメソドロジー創生期の主要論文のアンソロジー。分かりにくいものが多いが、ラストの「アグネス　彼女はいかにして女になり続けたか」だけは、素材の面白さもあって分かりやすかった。

◆日本人著者によるものとしては、心理学畑では**鈴木聡志 2006『会話分析・ディスコース分析』新曜社**がまず薦められる。社会学畑では、**前田泰樹・水川喜文・岡田光弘（編）2007『エスノメソドロジー』新曜社**が分かりやすく、労作だが、「私たちが日常的に用いている概念に、深遠な用法や厳密な定義を与えようとする欲求にかられたときこそ、考えてみましょう。それらの概念は、実践においてどのように用いられているのでしょうか」(p.56) というくだりにはカチンときた。なるほどウィトゲンシュタインはそのようなことを言って西洋形而上学二千年の伝統へ反逆したのだが、そもそも日本にはそのような伝統がない。むしろ最近感じるのは、若い世代にそのような形而上学的感性が芽生え始めているのではないかということだ。せっかくの芽を摘まないでほしいものだ。

◆**足立自朗・渡辺恒夫・月本洋・石川幹人（編） 2001 『心とは何か――心理学と諸科学との対話』 北大路書房** 本文でも引用した、小松栄一・崎川修らの他、「ウィトゲンシュタインの『色彩論』」を寄せている故・奥雅博や、有名になる前の（？）茂木健一郎など、珍しい顔ぶれをそろえている。

第10章

◆プロローグでも取り上げた『**質的心理学ハンドブック**』がナラティヴ・ターン全般についても参考になる。本章で直接言及したのは、**やまだようこ**「**1・1質的心理学の核心**」「**1・2質的心理学の歴史**」、**森岡正芳**「**4・1ナラティヴとは**」であるが、他にも興味深くためになる章が多い。

◆**リクール・P『フロイトを読む』久米博（訳） 1982 新曜社** (Ricoeur, P. 1965 *De l'interpretation, essai sur Freud.* Editions du Seuil.) がリクール入門として最適。『**時間と物語Ⅰ-Ⅲ**』**久米博（訳） 1990 新曜社** (Ricoeur, P. 1985 *Temps et le recit.* Editions du Seuil.) はナラティヴ・ターンの哲学的基礎を築いたリクールの代表作だが、正直いって訳文のせいもあってか読みにくい。それでも挑戦したい人にはⅠ巻だけを読むという読み方をとりあえず薦めておく。

◆**スペンス・D『フロイトのメタファー』妙木浩之（訳） 1992 産業図書** (Spence, D.P. 1982

The Freudian metaphor. Norton.）　精神分析のもの語り論的再構築の古典だが、説得力があるという域には達していない。最後の精神分析を法廷での審理に見立てる章が、私にはもっとも納得がいった。

◆**ブルーナー**は、**『可能世界の心理』田中一彦（訳）1998 みすず書房**（Bruner, J.S. 1986 *Actual minds, possible worlds*. Cambridge, MA: Harvard University Press.）、**『意味の復権――フォークサイコロジーに向けて』岡本夏樹・仲渡一美・吉村啓子（訳）1999 ミネルヴァ書房**（Bruner, J.S. 1990 *Acts of meaning*. Cambridge, MA: Harvard University Press.）の両著とも読みやすいが、年代を逆に読んだ方が分かりやすいかもしれない。ただし、ブルーナーはそれほど深い思想家ではない。

◆**野家啓一 2005『物語の哲学』岩波現代文庫**　哲学サイドからのもの語り論的転回への入門書として好適だが、初版が出た1980年代の空気を反映する現代思想風のレトリックがやや気になる。同じ著者の**『科学の解釈学』1993 新曜社**　の方が、第8章〜10章共通の参考書として薦められる。

エピローグ

◆第6章で精神分析批判として引用したヤスパースを、ここでは多元主義に関連してあげておく。**ヤスペルス『精神病理学総論 全3冊』井村恒郎・島崎敏樹・西丸四方（訳）1956 みすず書房**（Jaspers, K. 1923 *Allgemeine Psychopathologie*. 5ed. Springer Verlag.）なお、よりコンパクトな初版（1913）にもとづく訳、**ヤスパース『精神病理学原論』西丸四方（訳）1970 みすず書房**

も出ている。

付章

◆**フッサール**を読んでみたいという人には、これまで**『ブリタニカ草稿』谷徹（訳）　2003　ちくま学芸文庫**　を薦めてきたが、大学院の授業で使ってみて難しいと分かった。この本の「**訳者解説**」がフッサール入門として最良であることは疑えないのだが。後期の代表作**『デカルト的省察』浜渦辰二（訳）　2001　岩波文庫**　の方が、元が講演原稿だけあって分かりやすいかもしれない。訳も読みやすいが、訳註で、フッサールの他者論は直接知覚説に近いといったことを書いているのには、その根拠がこの本を読む限り見出せない以上、首をかしげざるを得ない。

◆我田引水になるが、**渡辺恒夫　2013　『フッサール心理学宣言――他者の自明性がひび割れる時代に』講談社**　は、第4章（現象学超入門）が日本一やさしいフッサール入門と銘打たれていて、しかも他者問題中心に構成されている。また、この本全体で、**ジオルジ**（ブックガイド第5章）にならってフッサール現象学の心理学的技法化が試みられているのも、参考になるかもしれない。

◆**西研　2003　『哲学的思考　フッサール現象学の核心』ちくま学芸文庫**　は、フッサール現象学を心理学的に技法化するのに欠かせない本質観取の方法が提案されているのが類書にない特徴。ただ、他者問題・間主観性問題となると、何となくはぐらかされる感じを覚えていたが、本書でザハーヴィの節を執筆していてはぐらかされ感の正体が明らかになった。「他者問題とは主客問題の一部ではない。自他問題の一側面なのだ」という本書でのザハーヴィ批判が、ここでも当てはまるだろう。

◆**竹田青嗣　2012　『完全解読フッサール「現象学の理念」』講談社**。著者は難解なフッサールを現代の言葉で語ろうとしている得難い人で、私も国際学会で顔を合わせるたびに対話を交わして本書にも生かしている。その特色はこの本でも存分に発揮されているが、それだけに、「あとがきに代えて」の次のくだりには、アリャリャとなってしまった。

……われわれの一切の認識は、〈内在意識〉のうちで〝構成〟された「確信」（超越）にほかならない。……認識の客観性（正しさ）という概念は、ここでは認識の「妥当性」と言い換えられる。そして認識の妥当性は、二つのレベルをもつ。認識の「現実性」（リアルさ=強度）と認識の「広範性」（どれだけ広く共有されるか）である。……あらゆる認識は（どれほど広範な共通認識も含めて）決して「確信」であることを超えない……。ここでは「認識」は、真実か虚偽かではなくその「妥当性」の確度だけが問題となる。（p. 244）

「広範性」とは間主観的な共有ということだが、これでは他者問題は、つまりフッサールの用語でいえば間主観性問題は、立てられなくなってしまう。他者の存在確信の成立条件の一つが、「広範性」つまり他者が存在すること、ということになってしまうから。これでは、自然的態度――そこでは他者問題は決して立てられることがない――の追認と受け取られても仕方がないではないか。

◆**サハーヴィ　『フッサールの現象学』工藤和男・中村拓也（訳）　2003　晃洋書房**（Zahavi, D. 2003 *Husserl's phenomenology.* Board of Trustees of the Leland Stanford Junior University.）近年の研究を踏まえた世評高いフッサール入門だが、他者問題の隠蔽度は前代にもましてひどくなっている気がする。

あとがき

本書は、「他者とは何か」という問題意識によって、心理学・心の科学の、歴史を解明し現在を診断した、私の知る限り初めての本である。

心理カウンセラーや医療従事者など対人支援にかかわる人はもとより、認知科学や脳科学の実験家、社会学・人類学の調査者にしても、「他者」をまず相手にするのである。

それなのに、「他者とは何か」という問いに無関心なままで、心理学・人間科学の歴史や「基礎」がいままで論じられてきたのは、まさに信じがたいと言うほかない。

他者問題にはまた後で戻るが、ともあれ、書き上げてみると、本書で言っていることはごく単純なことになった。

ガリレオに始まる近代科学の精神では、知識というものは権威や社会通念や言い伝えを元にするのでなく、自分自身の直接の観察を源にしなければならないのだった。

科学はこの方法を自然《ネイチャー》の探求に適用し、自然科学として大成功を収めた。そこで同じ方法を人間性《ヒューマン・ネイチャー》の探求にも適用しようということで、心理学を始めとする人間科学が誕生した。

ところが、どうしたことか、うまく行かなかった。

その原因を究明すべく、数え切れないほどの人間科学論、心理学論が書かれた。

私の見たところ、それらおびただしい論考は、おおむね的外れであった。肝腎の、〈躓きの石〉が見えていないのだから。

人間科学と心理学の躓きの石は、鉱物や昆虫とちがって、〈人間〉は直接観察されない、というところにある。

本文でもくりかえし述べたが、私が直接観察するのは〈自己〉か〈他者〉かのどちらかである。昼間、私は大勢の人々を見た。正確には大勢の〈他者たち〉を見たのである。そして夜、ひとりになって〈自己〉と向き合うのである。自己でも他者でもない〈人間〉になど、出会ったことは一度もない。

近代科学の精神は、直接観察から出発する。〈人間〉は直接観察されない。そのミスマッチゆえに、人間科学は挫折を運命づけられて出発したのであり、その三世紀間の歴史は、際限ない分裂と迷走と（プロローグに引いたドレイファスの言葉を借りるならば）堂々巡りと、そしてヘリクツの歴史となったのだった。

こんな簡単なことに、今までどうして誰も気づかなかったのだろう。——気づいていた人もいたが直視したくなかったのだ、というのが私の推測である。

それはどういうことかは、ここでは問わないでおこう。ともあれ、直接観察されるのは〈自己〉か〈他者〉でしかないこと。これが本書では、広い意味での「他者問題」に当たる。本文中では自他問題という言い方もしている。本書の第一の工夫は、この、広義の他者問題を読者に自覚して貰うべく、認識論的解読格子というものを読者と共に作りあげるところにあった。

そして、それを武器として、質的心理学の近年の発展が新たにもたらした混乱の渦中に飛び込むことから始めて、心の科学史全体を解き明かすのである。業界用語（ジャーゴン）は極力抑え、文章も可能なかぎり分かりやすくしたので、大学初年次の心理学入門ていどの素養があれば、だれでも読み進めるはずだ。部分的にだが、少しは痛快な読み物になっているところもあると思っている。

本書の最大の特色は、「付章」として、他の章の二、三倍ほどの頁数を当てて、「だれでも分かる！他者問題超入門」を置いたことである。心理学の歴史よりも他者問題とは何かに興味があるという読者は、まずこれを読む、という読み方をしてもよいだろう。この付章で初めて、狭義の、真の他者問題が、立てられることになるのだから。

なお、この付章の中で、マッハの自画像を使って行った「実験実習」が紹介されているが、初出は「人間的世界経験のパラドックス構造――マッハ自画像の『実験』・自我体験・心理学の躓きの石」（情報コミュニケーション学研究、14: 83-95 2014 明治大学情報コミュニケーション学研究所）にあることを、付記しておきたい。つまり、実験《エクササイズ》実習付きの他者問題入門というわけである。読者には、このエクササイズを友人に試みてみることをお奨めする。教えの場を持っていられる方は、授業で使ってみても構わない。興味ある結果が出たらご一報していただければさいわいである。

くりかえしになるが、「心」にかかわる仕事や研究をする人は、「他者」をまず相手にするのである。それなのに、「他者とは何か」という根源的な問いを置き去りにして、研究や日々の仕事ができるとは信じがたい。そのような無反省の結果が、心の科学の歴史上の迷走ぶりになったのだったし、現代に見る、人間関係やコミュニケーション能力の過度の強調による、個の抑圧につながった気がする。

巻末の「ブックガイド」に限らず、本書ではより進んだ読書のための案内を随所でしているが、世評高い本であっても批判すべきは批判しておいた。中で、社会的構成主義のガーゲンへの批判は辛辣にすぎたかもしれない。私は国際学会でガーゲンとは二度ほど会ったことがある。日本人と見るとすすんで話しかけてくるようなフレンドリーでしかも日本に関心の深い方で、個人的には大いに敬愛している。だからといって、「間人主義」的な文化的ステレオタイプの押し付けは困るのである。

じっさい、別の国際学会で私は何度か、六学生を対象に調査した「独我論的体験」の報告をしているが、そのたびに鳩が豆鉄砲を食ったような反応をされるのには参った。間人主義のはずの日本人が独我論の話をするのが、どうやら信じられないらしいのだ。

ガーゲンが出たついでに言うと、本書の終盤、言語論的転回・ナラティヴ転回の二つの章（9章10章）で私がひそかに心がけたのは、これらのポストモダン的科学認識論を分かりやすく紹介すると同時に、その分からなさをも明らかにすることだった。権威ある現代思想だから分からないのは自分のアタマが悪いのだと思い込み、分かったフリを続けているうちに分かからないということが分からなくなってしまった人も、多いのではないだろうか。

じっさい、行動主義の時代でもないのに、内省は存在しないだの、自己とは言葉の誤用による誤った概念にすぎないだのといった理解に苦しむ言説が、ポストモダニズムでも跡を絶たない。これは、内省や自己を認めてしまうと、直接観察されるのは自己と他者のみであるという事態が、浮上してしまうからだろう。これは言ってみれば、目をつぶったまま躓きの石を飛び越そうとするに等しい。私は、躓きの石を直視して、他者問題をも回避することなく取り組むことが、心の科学の哲学の究極的な使命だと考える。そのために本書を書いたのだったが、なにぶん、心の科学三百年の歴史すべてに通暁しているわけでもないので、だいぶ難渋してしまった。とりわけ、ポストモダン認識論批判については、ようやく糸口をつかんだ段階で、まだ粗削りなので、ご批判をいただければ幸いである。

本書の執筆は、北大路書房の薄木敏之氏と若森乾也氏のお誘いによるものである。その当時は、ブックガイドにも書いたが、『質的心理学ハンドブック』の一章である「質的研究の認識論」を脱稿したばかりで、私はそのため準備した大量の原稿を、規定の枚数に合わせるべく四苦八苦して十分の一ほどに圧縮したのだった。そこで、もし十倍のスペースが与えられていたならば書いたであろう論考というのが、本書の最初のプランになった。だから本書の第一のテーマは、『ハンドブック』と同じ、「認識論的解読格子」による心の科学史の解読にあった。

ところが、これも「ブックガイド」に書いたが、この解読格子の原型はずいぶん昔に遡られるのに、その意義がまともに理解されたことがない。本書で言う「視点の対立軸」を名づけるのに、「一人称的vs.三人称的」だの、「主観的vs.客観的」だのという、ミスリーディングな名をつけたことも一因だったが、なにより、視点の対立軸が、直接観察されるのは自己と他者のみだという人間的世界経験の構造に、つまり広義の他者問題に、由来することを、明確に示さなかったことにあった。本書では、この構造をさらに解明して、「人間的世界経験のパラドックス構造」に行きついている。それは、「私は自分が〈人間〉の一例であることを知っているが、〈人間〉は直接経験されない。私が経験するのは〈自己〉と〈他者〉のみであるが、私はそのことを知らない」と定式化できたのだった。そして、これは「付章」で詳しく解説されているが、ここで「なぜ、自分が、経験できないはずの〈人間〉の一例であることを、私は知っているのか、その根拠は何か」と問うのが、狭義の、真の他者問題への、正しい入り方なのである。当然、この意味の他者問題も自己問題であって、自己問題の一側面と見た方がよいくらいである。

ともあれ、かくして本書は、通奏低音であった第二のテーマ、人間的世界経験のパラドックス構造が最後に前面に躍り出て、「付章　他者問題超入門」となって終わる、という構成になったのだった。ちなみに、本書のタイトルに「心の科学史」を使ったのは、「心理学史」では狭すぎ、「人間科学史」では法学経済学など社会科学を扱っていない以上、広すぎるからである。科学革命の時代に発し、狭義の心理学を始め、精神医学、脳科学、認知科学、人類学、社会学、などとして展開してきた、人間の心についての科学的探求の総称を、心の科学とここでは呼んでいる。

次の研究計画としては、『人はなぜ夢を見るのか』（2010　化学同人）の終章で予告しておいた「夢の現象学」を、本書に先立って刊行した『フッサール心理学宣言』（2013　講談社）で開発した方法を用いて、ぜひ形にしたいと思っている。そのための材料は、ブログ「夢日記・思索幻想日記」（http://fantastiquelabo.cocolog-nifty.com/）にアップロードしておいた（ブログには連絡先も記されているので、本書へのコメントなど寄せていただいても構わない）。なぜ夢かというと、本書では省略せざるを得なかった他者問題への超越論的形而上学的な通路が、夢の現象学的構造にひそんでいると思うからにほかならない。

北大路書房編集部の薄木敏之氏には、『心理学の哲学』いらい12年ぶりにお世話になった。厚く御礼申し上げます。また、私の細々とした研究活動の支えとなってきた「心の科学の基礎論研究会」（http://www.isc.meiji.ac.jp/~ishikawa/kokoro.html）（誰でも参加できます）への参会者のみなさまにも、感謝の意を表したい。

二〇一四年四月

【著者紹介】

渡辺恒夫（わたなべ・つねお）

1970年　京都大学文学部卒
東邦大学名誉教授　明治大学兼任講師　博士（学術）
主　　著　脱男性の時代　勁草書房　1986年
　　　　　トランス・ジェンダーの文化　勁草書房　1989年
　　　　　迷宮のエロスと文明　新曜社　1992年
　　　　　〈私の死〉の謎　ナカニシヤ出版　2002年
　　　　　心理学の哲学（共編）　北大路書房　2002年
　　　　　〈私〉という謎（共編）　新曜社　2004年
　　　　　自我体験と独我論的体験　北大路書房　2009年
　　　　　人はなぜ夢を見るのか　化学同人　2010年
　　　　　フッサール心理学宣言　講談社　2013年

他者問題で解く心の科学史

2014年７月10日　初版第１刷印刷
2014年７月20日　初版第１刷発行

定価はカバーに表示
してあります。

著　者　　渡　辺　恒　夫
発行所　　（株）北大路書房
〒603-8303　京都市北区紫野十二坊町12-8
電　話（075）431-0361（代）
ＦＡＸ（075）431-９３９３
振　替01050-4-2083

印刷／製本　（株）創栄図書印刷
検印省略　落丁・乱丁本はお取り替え致します

ISBN978-4-7628-2869-0　Printed in Japan